二胎记

毛利 著

浙江人民出版社

图书在版编目（CIP）数据

二胎记 / 毛利著. — 杭州：浙江人民出版社，2024.4
 ISBN 978-7-213-11386-4

Ⅰ. ①二… Ⅱ. ①毛… Ⅲ. ①家庭问题—研究—中国 Ⅳ. ①D669.1

中国国家版本馆CIP数据核字(2024)第051644号

二胎记

毛利 著

出版发行：浙江人民出版社（杭州市体育场路347号　邮编310006）
　　　　市场部电话：(0571)85061682　85176516
责任编辑：齐桃丽
策划编辑：陈佳迪
营销编辑：陈雯怡　张紫懿　陈芊如
责任校对：杨　帆
责任印务：幸天骄
封面设计：李　一
电脑制版：李　一
印　　刷：杭州丰源印刷有限公司
开　　本：787毫米×1092毫米　1/32　　印　　张：9.75
字　　数：170千字　　　　　　　　　　插　　页：6
版　　次：2024年4月第1版　　　　　　 印　　次：2024年4月第1次印刷
书　　号：ISBN 978-7-213-11386-4
定　　价：58.00元

如发现印装质量问题,影响阅读,请与市场部联系调换。

只听医生说了一句:"头出来了,像爸爸。"这时我差点整个人一软,为什么我这么努力,基因却一点不照顾我的感受?就这样,我女儿出生了。

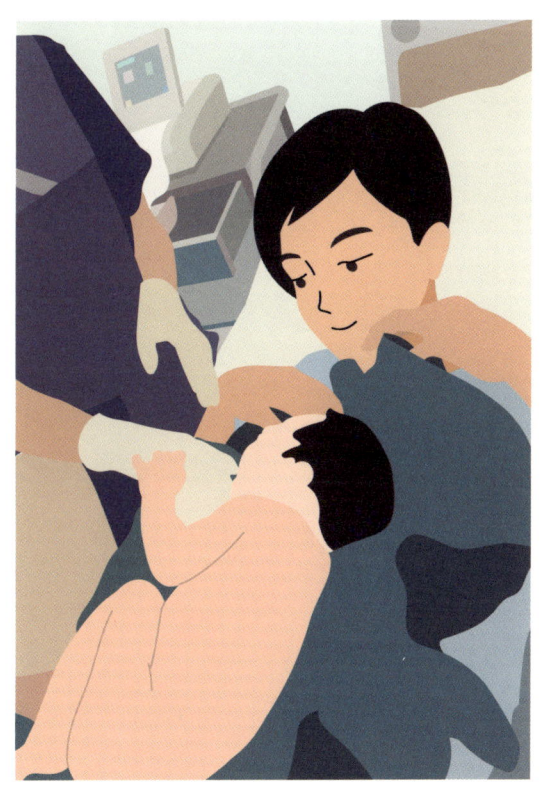

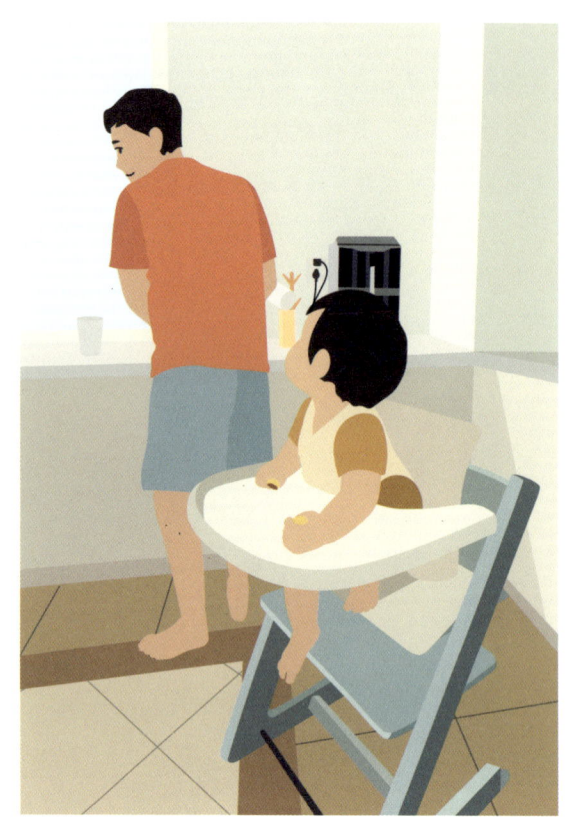

阿姨走了,小陈上岗。全职爸爸,最多最多只能当半个阿姨用。他像很多全职妈妈一样,看到待在家的另一半,恨不得颐指气使:"没看到我在带孩子吗?还不赶紧过来帮忙!"

事实证明，每个孩子都有他独特的、令大人崩溃的方式。人类记忆非常残酷，它为了让人类多繁殖，竟然把记忆中最痛苦的部分全给抹光了……现在妹妹再次教我重新做人——呵呵，哪有你想象的那么简单？

二胎家庭出行，怎么比唐僧取经还要难？只带一个小的没那么难，她会睡着的；只带一个大的也没那么难，他有听话的时候。带两个，我就像一位抢险队队员，这边堵了，那边漏了，总是忙个不停，根本没有一分钟闲下来的时候。

妹妹能跟哥哥一起玩了，我好像还没能完全建立起二胎思维。这回好像什么都要斟酌一番，时刻提醒着自己：哎，你可不能做得太过头，要给两个小孩公平公正的爱！

没生二胎之前,总觉得我这个妈当得有点失败,我儿子最热衷的事就是拿着网兜到处刨土。我不反对他刨土,但我希望他刨土的同时还能懂点琴棋书画。生了二胎,再次知道了,其实人类和小鸟一样,无法圈养。

目录

第一回合　再次迎来哺乳期……001

三个朝南的房间，是二胎家庭永远的伤……002

怀孕期间的丈夫，像个木头人……009

我妈是如何刺激我花巨款定下月子中心的……015

文明人类你好，我是一只哺乳动物……021

坐月子的爸爸们，比产妇认真多了……026

手足相残不至于，手足情深也不见得……031

生二胎真的那么快吗？……037

世界上最难的创作一定是给小孩取名……043

为什么我也忍不住毒舌起来……048

第二回合　要不要请帮手？这是个问题……053

请月嫂到底是不是缴产妇的智商税？……054

二胎奶爸的人间失格……059

目录

论育儿书为什么没能改变我的家庭生活……064

二胎,改变了我狭隘的育儿观……071

我一个老同志,还是犯了原则上的错误……078

阿姨来了,职场妈妈的命才算真的保住了……084

老大的破坏性威力,终于见识到了……090

成为一部行走的灾难片……096

装死,是对付叛逆期儿子的唯一办法?……102

心理扭曲的哺乳妇……108

第三回合　我和哥哥不一样哦……113

孩子大了就好了,是地球上最大的谎言……114

生了个别人家的娃,这是纯属幻觉……119

科学育儿进我家……125

我承认这一代家长都有病……130

松田道雄时代的婴儿,可真好养啊……135

二胎家庭出行，怎么比唐僧取经还要难？……141

儿子的道歉信……148

孩子长得丑这件事，真的需要告知家长吗？……154

第四回合　二胎家庭的修炼……159

拖儿带女，恭喜来到最佳宰客区……160

二胎家庭也配正常生活？……165

颠簸流浪育婴记……172

二胎你都生了，三胎不考虑下？……178

向小陈同志致以父亲节的最高敬意……183

这回还是没能战胜幼儿发烧……188

重回独生子女之家，安逸得不敢相信……194

一个全职爸爸，最多等于半个阿姨……199

孩子生病，你这妈怎么当的？……204

跟全职妈妈比，他好像一个废柴……209

_ 目录

第五回合 一碗水端平？太难了……215

余生，请将自己修炼成一名端水大师……216

给我一周岁的女儿……221

见识过二胎争霸后，我同情起了贾环……227

为人父母的造梦空间……232

一胎用力过猛，二胎恍然大悟……238

令人崩溃的两岁，又来了……243

别人的生活扶摇直上，二胎妈妈的日子每况愈下……248

儿子九岁了，开始质问我凭啥管他……253

母女双双喜获自由之断奶……259

第六回合 养育的迷思……265

原来一个家只能有一个"女明星"……266

断奶后的单身假期……271

酷暑中的养娃家庭……275

在教育孩子这件事上，我可真是个窝囊废……279

没资格摆烂的二胎父母们……284

杜拉斯也逃脱不了读绘本的命运……289

为了对付两岁女儿的叛逆，我又回炉学习了……294

后记……301

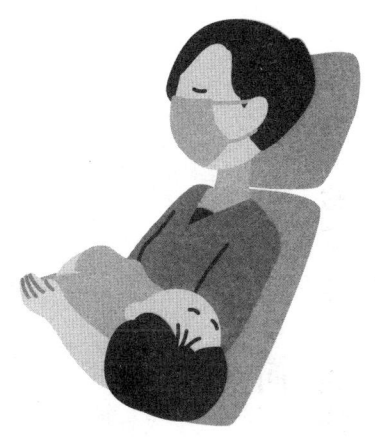

第一回合
再次迎来哺乳期

三个朝南的房间，是二胎家庭永远的伤

2019年春天买房子的时候，我还没有二胎计划。当时一心想要改善居住条件。理由不是为了孩子，是我发自内心想要好好创作，写上一部长篇，或者一本有趣的短篇故事集。

原来住的房子太小，六岁的儿子总是能很轻易地吵到我。他一放学，家里就像闯进来一只野生动物，我不可能再安安静静写下去。于是在市区学区房和郊区别墅之间，我选了后者。那时还想，最好房子里有个地下室或者阁楼，放着一张书桌，旁边环绕着塞得满满当当的书架，我可以坐拥书城一般，不受打扰，随心所欲地一路写下去。

是的，我想要拥有一套用来写作的房子。

第一回合 再次迎来哺乳期

跟中介去看房子,尽管我对一些外表破旧、爬满藤蔓的二手房情有独钟——有些房子一打开门就像是英剧里的鬼屋,有着翘起来的地板、忽然踏空的木头台阶;有些房子里面空空荡荡,外面的花园杂草蹿到一人高——但家人纷纷摇头,说这种房子怎么可能住人?

其中我妈意见最大,虽然她不住,但她总唠叨着朝南的房间。要朝南的房间,两间至少,三间更好。我无法理解,只有我们一家三口住,为什么还要买有三间朝南卧室的大房子?我妈当时极有远见地回答:"你要是生了二胎呢?"

江南人对朝南的房间有种执念,一个家庭里受重视和受偏爱的人,都应睡在朝南的房间。

我们此前租住两室一厅小公寓的时候,一直让儿子睡在朝北的小房间,这点经常让我妈很不满意。她觉得不应该,小孩子肯定要睡朝南的房间:阳光好,空气流通,才能长身体嘛。

后来终究选了有两个朝南卧室的一套房。房子看得越多,越明白没有理想的房子,只有懂得取舍的买房人。我妈啧啧摇头:"要是有了二胎怎么办?老二就没有房间了。"她这种担心让我觉得很没有来由,压根没有老二,也没有要二胎的计划,干吗要担心这些?

收房那天,我在房子里转来转去。二楼儿子的房间外,有一棵两层楼高的香樟树，阳光透过绿叶的间隙照在木地板上。那一刻我觉悟到了朝南房间的妙处，住在里面确实看起来很有希望，很受重视。我的书房在北面，很小，很安静，窗外是一棵桂花树。

写作跟养孩子不一样。养孩子出于本能，总要费尽心思给孩子最好的；写作是文章憎命达，日子过得太好了，立刻开始文思枯竭。

让人措手不及的是，搬进这套房子才一个月不到，我发现自己怀孕了。二胎来了，我妈知道后第一个反应就是："看，我早就叫你买三个朝南卧室的房子，现在老二怎么办？睡哪去？"

孕七个多月时，买了第一批婴儿用品：婴儿床、婴儿摇篮、婴儿床铃……东西放在朝北的小房间里，每次我挺着大肚子走进去，都为老二感到一阵遗憾。啊，看起来好像确实有点不公平。

老大的房间大而明亮，充足的阳光洒在木地板上，就像唯美日剧的场景，非常治愈。老二的房间相比之下又小又暗，显得父母很偏心。凭什么老二就不能拥有同等待遇？在二胎孕期，这成了我最操心的问题。

我是独生子女，对兄弟姐妹的感情非常陌生，完全不知道该如何处理这种不平衡。

第一回合　再次迎来哺乳期

几乎所有人都告诉我，二胎出生后，最重要的是照顾好老大的心情。婴儿什么都不懂，七八岁的小孩什么都懂。我努力地点着头，又觉得没道理，第二个小孩，就要什么都看老大的脸色吗？他就不能像老大小时候一样恣意妄为？

买婴儿用品时，看到有些小衣服上印着"世界上最爱的宝宝"，觉得真可爱，但是仔细想想，买了的话，老大会不会有想法？算了吧，还是买没有印字的最保险，怀第一胎时那种肆无忌惮、掏心掏肺的父母之爱仿佛已经没了。老二的衣服才买两件，下意识里，给并不缺衣服的老大也买两件。

这回好像什么都要斟酌一番，时刻提醒着自己：哎，你可不能做得太过头，要给两个小孩公平公正的爱。绕到这一点，每次进去那个朝北的小房间，心情不由自主蒙上一层愧疚。小陈完全不在意这点，他说，没关系，孩子还小，不会有什么感觉的。对，可是孩子不是转眼就大了吗？到时候小的肯定不乐意，凭什么哥哥住大房间？

朋友家有两个小孩，同样只有两个朝南的房间，目前倒还不用操心谁住朝北的小房间，因为四个人一起睡在大卧室里，两个孩子谁也不愿意放弃跟爹妈一起睡。可是等他们大了怎么办？朋友说："嗯，最近想再买一套房子，以后总要都给他们一样的。"

看她带两个小孩，很有意思。出去旅行的时候，看老大和老二手里都拿着一罐一模一样的糖，我说："这么大一罐，可以分着吃啊。"她急忙摇头："那不行，会打起来的。"什么东西都要一样的两份，尽管如此，大的和小的还是没少打架。

两个小孩，到底怎么实现公平？

朋友父母生了三姐弟，她是最大的那个，听着我唠叨朝南的房间，她哈哈大笑说："我从小就住家里最大的房间。"我这才意识到，其实压根没有所谓的公平公正，这也是小陈不像我这么在意的原因。他有一个哥哥，还有一个姐姐，小时候没少为了零食跟姐姐打架。

不可能公平的，只有我们这种独生子女，才武断地想要一碗水端平。

因为怀孕不能出远门的时候，我经常想起我们一家三口出去旅行的日子。买飞机票时，我们仨会被自动安排到同一排的位置，通常儿子坐最里面，他喜欢看窗外天空的变化，小陈坐中间，我坐外面。

我不止一次想过，如果多一个小孩，那该怎么坐？谁变成那个坐在后排，或者隔着走道位置的人？订酒店怎么办？两个小孩的话，就不能随便订个大床房或者双床房了吧？以前通常是这样的，进房间放好行李后，小陈开始用手机搜索附近的便

第一回合　再次迎来哺乳期

利店或者小吃店，没几分钟，小孩欢呼雀跃地跟爸爸一起出门逛逛，留我一个人在房间。啊，真是旅途中最放松的一刻。

一次在日本海滨小城八户，办理入住后匆匆在酒店楼下买了两个面包，踏入房间后我立即宣布，今晚不出门了，晚饭也可以不吃。父子俩则找了家居酒屋，儿子点一堆贝壳，爸爸连续被吧台上的男人请喝啤酒，理由是一个人带小孩，可真够不容易的。

一家三口，在旅途中总能找到这种微妙的平衡。可是四个人的话，就没办法这么轻松了吧？

这些关于二胎的焦虑，其实每一条都跟那个朝南的房间一样，令人纠结。到底该怎么办？

二胎真的生下来后，我开始跟我妈一样，也唠叨起来："唉，妹妹真可怜，她只能睡小房间。"我妈这时候反倒安慰我："老二还是很幸福的，你儿子出生的时候，你们那么穷，连自己的房子都没有，现在条件比那时候好多了。"

想了想，儿子的确吃过很多苦，几年前我们什么也不懂，光带着他在国外看急诊就有好几次。他就像是一对新手父母的试验品，好在茁壮地长大了。我至今记得儿子在美西的房车基地一个人孤零零玩耍的场景，那时我忍不住想，如果有个二胎就好了。

搬家后，我妈有一次问艾文，在新小区有没有交到朋友。他摇摇头说："没有，不过我马上要有妹妹了，妹妹会陪我玩的。"

事实证明，那些我原本焦虑的问题，后来并没有成为问题。

养孩子跟写小说不一样。写小说是你在描绘一个细节时，已经想好它在若干篇章后如何作用和体现，你要给这些细节找到答案，力求首尾呼应；养孩子是你焦虑的很多困难和问题，常常在前进道路上不见踪影，不知不觉中，生活已经指引了最佳答案。

第一回合　再次迎来哺乳期

怀孕期间的丈夫，像个木头人

一直以为这一回丈夫能做好一点。

上一次怀孕的时候，小陈还是出差族，照顾是半点谈不上。只记得怀孕三个多月时，我在泰国玩，他临时过来，租一辆轻便摩托车，要带我出去兜风，并且在一条小路上，教会了我开摩托车。

"我怀着孕呢，没事吧？"

小陈说："又不是哈雷，你怕什么？"

怀孕是一个漫长的四十周的过程，而大部分男人只对结果有兴趣。

儿子即将幼升小的时候，我丈夫小陈变成了全职爸爸，他相当渴望有一个二胎。可等到我体内真的开始再次孕育生命时,他看起来并没有多激动。

何止不激动,简直心如止水。大概是各种电视剧让我对孕期的丈夫产生了一定的误解,出现在荧幕上的丈夫,听说自己要当爸爸的好消息,总是忍不住欢呼或者热泪盈眶,好像自己刚刚拿下了奥运会冠军,会抱着妻子开心转圈,打开门高喊一句:我要做爸爸了!

现实中的丈夫,通常不会那么激动,当你拿着验孕棒给他看,他只是微微一笑,说:"噢,是吗?"当你拿出第一张 B 超照片,他也不会兴奋到哪去,那不过就是一团模糊的黑白影子。当你大肚子日渐隆起,他好像也并没有更进入爸爸的角色。

丈夫需要更实际的刺激。一个哇哇乱哭的小人,才可以让他意识到:啊,我是个爸爸了。看着大着肚子、脸色阴沉的妻子,他怎么能体会到那种激动人心的心情?

于是这一次,我还跟上一次一样,孕三十六周前一个人开车去产检,一个人进出各种检查室,一个人去逛宝宝用品商店。跟上一次不一样的是,七年前的怀孕,我几乎没有任何孕期反应,孕早期没有吐过,孕晚期依然健步如飞。这一次就太惨了,各种折磨依次经历了一遍。

第一回合 再次迎来哺乳期

孕六周开始,我被严重的孕期反应折磨,闻到电饭煲煮米饭的味道,一阵反胃想吐。这段日子,小陈为了加强厨艺,一日三餐在厨房辛勤耕耘。当我提醒他,我闻到味道实在受不了了,能否请他把厨房门拉起来时,他觉得无法理解:"米饭能有什么气味?"我转身跑到卫生间抱着马桶吐,他只是站在门口,犹犹豫豫地问:"你没事吧?"

能没事吗?

电视剧里丈夫不都是拿着纸巾,一边帮老婆擦拭,一边摸摸背什么的吗?少不了还要嘘寒问暖,言听计从,提供各种安慰。可是现实中的丈夫,就跟个木头人一样。当时我想,如果他能去野外煮饭就好了。

熬过这段噩梦一般的三个月,接下来进入体重飞速增长的孕中期,胖了,丑了。因为激素原因,我脸上简直一塌糊涂,心情开始变得相当恶劣。而我的丈夫依然毫无知觉,继续轻松愉快地过着日常生活。

小陈倒没做错什么事,但看他开心,我就觉得很难开心,凭什么只有我在忍受各种身体和外貌上的变化,丑就算了,还一天到晚提心吊胆?他就可以优哉游哉,随随便便安慰说:"没事的。"

等到孕晚期,人略微愉快了点,但身体沉重得像只河马。

每当捧着肚子在外面散步时，难免胸闷气喘，时不时觉得累，好累，真的累。

一次和小陈说："今天不知道为什么，特别没精神，午饭后睡了一小时，傍晚又睡了一小时。"他听完没表示任何同情，反而来一句："呀，真羡慕，我也想跟你一样睡这么多。"

暑假了，小陈需要一天到晚带着小孩出去上课，参加各种活动。有一天我跟他们一起去南翔古镇，在三十八度高温的傍晚走了五分钟，对小陈说："你天天这样，真不容易。"

看，我一个孕妇都会体恤人，直男只觉得：你有什么不容易，我也没让你做什么，对吧？

另一次，孕晚期的例行散步，小陈心不甘情不愿地在旁边跟着。他不想陪我散步，天太热，他也不喜欢到处走来走去。说实话，如果不是小区保安每次看到我一个人走来走去，总要体恤地问一声："一个人出来啦？"我其实也不太想拉着他跟我一起走路。

一切只是为了让我看起来别太可怜。

小陈出门散步时，总是走得出奇的慢慢吞吞，手里还拎着一个装葡萄、李子的小袋子，边走边吃。一旦开始往回走，脚步快得吓人。有几次我说："你等等，我有点累。"为了强调这种累，我说："你知道吗？现在真的时不时觉得好累啊。"

小陈向我发送了终极炮弹，答："是吗？我每一天都这么累。"那一刻我想把他一脚踹到湖里，同时领悟出，丈夫的同理心，很可能在结婚那天就没了。

我经常在一些孕妇相关内容的 App 上看到有人发帖说，老公对她真的太好了，知道她怀孕了之后天天做饭，还经常给她买吃的。这令我震惊，做到这两点，就是一个好丈夫了？

那些 App 犹如一个丈夫的野生市场，你几乎什么品种都能看到。有人说，怀孕后男人扬言，控制不住性欲就要出去找；有人放上证据，说肚子这么大，在男人手机里发现了暧昧的聊天信息；还有人讲，测出来两条杠，丈夫不想要，说打了算了。

比起这些负分混蛋，小陈大概也算高分选手。

不过每逢遇到小事吵架，他都没有半点要让步的意思。"喂，你不知道吗？我这全是孕期荷尔蒙作用，这些荷尔蒙让我情绪化。"强调过一两次后，小陈似乎觉得，这分明是欺负人的借口，他必须要反抗。

我一直把怀孕当成一种生理现象，并不是生病，不需要太过关怀，我爸妈大可不必每次拎着大包小包来看我，不让我开车或者出门。结果唯独这句话小陈听进去了，并且执行得很透彻：老婆只是怀孕而已，又不是生病，为什么需要特殊对待？

孕三十四周时，小陈说，过两周想带着孩子去成都看大熊猫。

"你就不怕我一个人在家,忽然生了或者出点什么事?"

"你这人,怎么什么事都往坏处想呢?不会有事的,而且我们玩几天就回来了。"

接近预产期,胎儿没什么发动迹象,我提议晚上去散步,小陈终于下定决心,说:"今晚我陪你去散步,你想走多远就多远。"散完步回来,我觉得有点不对劲,肚子阵阵发紧,跟小陈说:"去医院看看吧。"他说好啊。在我心急如焚要出门时,他脱下身上的黄色短裤,来了一句:"嗯,这个裤子颜色跟我的上衣不是很搭,我换一条。"

我担心的是孩子生在车上,他担心的是衣服和裤子不是很配……算了,这笔账生完小孩再算。

第一回合　再次迎来哺乳期

我妈是如何刺激我花巨款定下月子中心的

"月子中心,是专骗人傻钱多的吧?"

怀孕以来我一直抱着这样的想法。我一现代女性,从心底认为,"月子"这个说法是不成立的。七年前我第一次生产时,就全面抛弃了坐月子的传统观念,洗头洗澡吹空调,一样没落下;下奶汤是不喝的,二十四小时躺卧也是不行的。月子病?只要我不信月子,就不会有月子病。

这次怀孕,朋友问我要不要去月子中心,我匆匆看了几眼,心想孕妇得脆弱成什么样,才能接受这种任人宰割的标价。其中有一家标价三十万元一月的月子中心,朋友是这么说的：她之所以选这家，第一原因就是不想受别人打扰。

人与人之间差距多么大——如果给我三十万元，来几个人打扰一下，有什么关系？月子里最大的矛盾，无非是跟亲妈或者婆婆吵架。如果吵架值三十万元的话，一边吵一边可能要笑起来。

但从孕晚期开始，我妈时不时过来看望我，炖点银耳，买几个桃子。有时为了解决晚饭问题，我也时不时回娘家一趟。随着跟她的接触日益增多，我开始频频受刺激。

肚子大了，经常要出门遛弯。比起我自己家附近，我妈家附近更有人气一点，每次她带着我出去，不管看到谁，都要说说肚子。邻居说，肚子好大了。她说，是呀，快生了。这话题本来可以就此戛然而止，但我妈不管不顾，总要说到第一胎的事："我们第一胎生得小啊，才五斤三两，让她多吃不肯吃，还有点早产。"换个路口，碰到另一位邻居，又开始了："第一胎小哇，才五斤三两……"

去亲戚家吃饭，当着所有人的面，我妈以一种深谋远虑的战略眼光看着我说："我希望这一胎至少有六斤。"亲戚们纷纷开始出谋划策：要多吃，要吃燕窝，要好好补身体，千万别怕胖，将来可以减。

他们好像丝毫看不到，挺着七个多月大肚子的我，已经一百五十斤了，医生每次都说："你最好控制下体重。"

第一回合 再次迎来哺乳期

有一次出版社给我寄了本书,名叫《请停止道歉》,我随便翻了翻,是本帮助女性建立自信的鸡汤书,鼓励女性放手去做想做(但出于种种原因不敢做)的事,不用道歉。这书对我没什么用,因为活了三十多年,很少有我觉得抱歉的事。但我妈好像在用言语给我制造一种氛围:"你上一胎只有五斤三两,你对得起天下人吗?"

她绝不允许我重蹈覆辙,所以翻来覆去说个不停。可关键是,这个五斤三两的一胎,现在已经七岁了,身高一米三,体重六十斤,长势相当良好。

可以预见到,如果二胎没达到六斤,我妈大概会觉得颜面尽失——别人都能生七斤八斤,你怎么不能?

七个半月开始,我的耻骨疼得不行,网上查了,说是耻骨联合分离,属于正常现象。我和亲妈一起去散步,明显不能再像以前一样健步如飞,只好说:"走慢点吧,我腿有点疼。"我妈摆出一副不可置信的眼神:"怎么会?我生小孩的时候完全不疼!"她生我的时候,芳龄二十三。

过两天,我妈又跟我外婆说:"现在孕七个多月,她说很疼。"十八岁生女儿的外婆摆出不可思议的表情说:"我生的前一晚还在割稻子呢。"可我是一名三十五岁的高龄孕妇啊!友情提示了她俩这一点后,我妈又陷入另一种沉思:这么早就疼，是不是快生了？

医生说了，这是二胎的正常现象，疼痛感来得比一胎早。我妈看起来比我更焦虑，她若有所思：是这样吗？——我知道她又要开始了，如果像上一次，宝宝只有五斤三两，怎么办？

第一胎的时候，我草草写过几篇记录，七年后拿出来看，发现里面和我妈有关的片段，简直触目惊心。

七年前，我产后第一次上厕所，因为是顺产，两小时内需要小便，不然得插尿管。我当时极度虚弱，我妈像扶着太皇太后一般，小心翼翼陪我去了卫生间。一个刚刚生完小孩、气若游丝的普通妇女，用尽全力龟速挪到马桶边，终于一屁股坐下来时，你猜我妈说了什么？

她说："你现在真是难看，开始知道当妈不容易了吧？"

照她的意思，可能想让我当场大彻大悟，朝她长跪不起，大呼：妈，你这么多年真不容易！但那时我只是艰难地坐在马桶上，努力证明自己还有排尿的能力。

等我好不容易站起来，在卫生间镜子里看到一个奇丑无比、憔悴到极点、还挺着个大肚子的女人时，我转向了唯一的求助方，问站在一旁的亲妈："我肚子怎么一点没小，以后会好的吧？"你猜她又说了句什么令人万念俱灰的话？

她说："生完小孩就是这样了，不然男人为什么都喜欢大姑娘?你看我到现在都没小!"

如果换作现在,我当然可以活蹦乱跳地说"你别瞎扯了"。但一个累到极点的产妇,压根连一丝反驳的力气都没有,只能慢吞吞挪到床上,身后都是灵魂破碎的声音。

时隔七年,我三十五岁了,思想上虽然更顽强,身体是真的变脆弱了。而我妈大概率依然是那个戳心窝的人,应该又会快言快语:"作孽呀,你看看你成什么样了?"我不行,我受不了这种语言上的糟蹋,也不想被比较、被议论、被质疑。

孕期快八个月时,我终于第一次去参观了一家月子中心。这里干净、整洁、明亮,销售陪着到处看,有茶歇室,有美发室……看起来生完小孩那段时间,在这里我依然可以做个女人。

当年我虽然冲破禁忌没坐月子,但每一次洗澡后,我妈都会来上一句:"别说我没劝你,将来老了得病你别怨我。"每一次不想喝汤,她也必定会说:"你奶不够怎么办?"

唉,越回忆越脆弱起来,这种脆弱导致我参观完直接付款订下了一个月的月子中心服务。想好好做回人,而不是做一个被摧残、被恐吓的女人。

我就是这样被亲妈刺激得付了一大笔钱。我不想再在她身上,看见以前所有女人受的那些伤痛——你变丑了;你以后会一身毛病;男人永远喜欢小女孩;你对你的小孩不够伟大;

你这样做太自私了……即使内心非常清楚明白,她之所以这么说,是因为她还把我当成她的一部分。这些大大咧咧的实话,只因为我是她的亲生女儿,她才毫无顾忌,想说就说。

在她怀孕生产的时代,女人就是这么惨的,总被要求生个大胖小子,还总是担心自己的花容月貌一夜尽失……

但是三十五岁的我,这一次决心要利用金钱的伟大力量,屏蔽一次亲妈的经验教训。

第一回合　再次迎来哺乳期

文明人类你好，我是一只哺乳动物

停业五年后，我的乳房又一次开工了。

这次它表现得还不错，虽然我一开始笨手笨脚，但心态上完全不像上次那样手足无措。我是一个老队员了，只要提起上一次时长两年的哺乳史，所有人都会张大嘴巴，好像遇到原始人似的表示诧异：什么？这么久？

苏青写过一篇文章《拣奶妈》，文章开头简洁有力："去年冬天我又养了个孩子，照例没有奶，得雇奶妈。"

于是你脑海中立刻有了一个女文人的大概轮廓——瘦削的身影，淡蓝旗袍下微微凸起的双乳。贫乳看起来是一种有思想的象征。如果乳房鼓得涨涨的，未免有失庄重；要是再渗点奶，那还像什么样子？

苏青如此形容乡下奶妈的乳房:"奶袋子直挂到脐边,见了有些怕人。"

这便是我的乳房现在的样貌。照例,我又有充足的、大量的奶水,整个人离文明又远了几步。女作家蕾切尔·卡斯克提起过自己的哺乳史。社区保健员告诉她,根据婴儿生长曲线,她的宝宝长得不够好,她应该加奶粉,每次喂完母乳给她一瓶。卡斯克压根不想屈服,她跑去找了医生,继续顽强地喂着母乳。

我没这种问题,乳房经过孕期九个月的发育后,看起来就像两座小型加工厂。女儿出生一星期后,我在卫生间镜子里看到了两只熟悉的、耷拉着的奶袋子。

即使穿上哺乳内衣,胸看起来依然是两只奶袋子,不过是被提起来的那种。古典油画里,女人哺乳的胸通常是小而袖珍的,旁边小孩的头大大的,看起来充满和谐的美感。现实中才不是这样,我生完小孩后不到半小时,护士就把刚出生的婴儿擦拭干净,立刻送到我怀里,开始第一次喂母乳。她小小的脑袋,在一个庞大的乳房面前,简直显得微不足道。

这对沉重的双乳,宣布自己要开工了。

一开始那几天,我女儿总是显得很暴躁,她会吸着吸着忽然哭起来,夜里每隔一小时甚至半小时就醒过来。这时我总免不了陷入自我怀疑:硕大的乳房里,真的有奶吗?

第一回合　再次迎来哺乳期

婴儿执着地吸着,偶尔发出一两次吞咽声。我同时感受到子宫强烈的收缩,一下子疼得死去活来,像困兽一样蜷缩在床上,还能闻到下身散发出的血腥味。可是医生和护士都说,这样最好了,哺乳促进子宫收缩,身体会恢复很快。

这不过是母乳喂养的其中一种疼痛,没几天,你还能收获另外一种击穿灵魂的疼——由乳头皲裂引发。婴儿和你都在昼夜开工,她不停地吸,你不停地喂,每当她张大嘴巴凑近你,一口吸住乳房,你都能感受到一股钻心的疼痛。

缓解不适感的秘诀是:请抛弃文明人的想法,把自己当野兽。你看动物打架,流着血也照样觅食、睡觉。

疼痛和丑陋并不是母乳喂养里最艰难的部分,最难的是,凌晨三点,忽然听到一阵婴儿的啼哭。她饿了,她每隔两三个小时就会饿一次。你得从睡梦中快速醒过来,小心翼翼抱着新生儿,开始这天晚上的第 N 次喂奶。

打起精神,不要睡,要时刻注意她的鼻子有没有被堵到,她是不是吃着吃着又睡着了。她吃的时间越短,说明下次醒过来的时间越快。我女儿的规律是,如果喂十分钟,她能睡一小时,但是坚持抓住她的小脚不停挠几下,喂上二十分钟,她能睡三小时。

有时候,婴儿说不清哪里不舒服。大人三点半起来喂奶,中间经历一轮给婴儿端屎、端尿、拍嗝,喂到最后关头,发现天亮了。有一本书里写，母乳喂养的时候，母亲需要躺下来，这是一种很好的休息方式。我很惊讶，对我来说，躺下来喂奶还不能睡觉，就像在你极困之时有人用火柴棒撑住了你的两个眼皮——这分明是严刑拷打的一部分。

一本叫《乳房》的书里说，有些品种的母海豹在哺乳数天后会暂停数天甚至数周，外出去补充它体内的脂肪。这时嗷嗷待哺的小海豹只能等它回来。

母海豹的哺乳生活听起来很符合文明人的需要，哺乳几天后，就像休假一样出门度假一周，回来再精力充沛地喂奶。可惜小婴儿给我的假期，最多只有两小时，只够在走路五分钟远的商场溜达一圈。而且时不时地，乳房会一阵刺痛，乳腺提醒我，它开始分泌了——好像一种远古信号，我怀疑是婴儿发来的电报，在说她饿了。

哺乳严格限定了我的活动范围。月嫂让我去买个吸奶器，把奶吸出来，出门更方便。我坚决摇了摇头，吸奶器不适合我这样的妈妈。那些背奶妈妈需要吸奶器，对我来说，这个机器只会打乱节奏。吸出很多奶，虽然可以加大产量，但乳腺炎可能也会如期而至。上一次哺乳我吃够了亏，这回说什么也不会踏进同一个坑。

哺乳还严格限定了我的饮食范围。你压根不知道哪一种

第一回合　再次迎来哺乳期

食物会刺激到婴儿脆弱的肠胃。有一次我吃了一盒西梅，吃完后的二十四小时，婴儿拉了八次大便。这中间有联系吗？不知道。但为了以防万一，我决定再也不吃西梅。

孕期还在喝的拿铁，现在坚决不喝了。胎儿无所谓，它在肚子里再活跃，也不影响大人的睡眠。但一旦咖啡因刺激到婴儿，打乱了她的生物钟……我完全没勇气考虑后果。

就这样吧。

如果你没生过小孩，你一定会问，这么麻烦、痛苦、折腾的母乳喂养，为什么一定要坚持？答案是，我不知道。好像一切顺理成章，只要小婴儿的脸凑过来，我的乳房就自动开始了工作。

有一天，我坐在沙发上喂奶，她闭着眼睛，吃得又快又好。离我两三米的地方，小陈和儿子正在吃饭。儿子总是那样，吃着吃着，一只玻璃水杯啪的一声掉在地上，玻璃碴落了一地。

艾文想从椅子上下来，小陈依然在吃着饭。我十分着急，大叫小陈："你还不赶紧起来扫一扫？"小陈没有把筷子放下的意思，他说："我还没吃完呢。"艾文已经从椅子上跳了下来，眼看就要一脚踩上玻璃碴，我心急如焚，大喊："你不准下来！"

在成为哺乳动物前，我一定是那个冲在第一线，解决所有麻烦的人。但是正在喂奶的我，忽然明白了一件事：只要地球不爆炸，我就会继续坐在那里喂奶。

> 坐月子的爸爸们,比产妇认真多了

小陈是最赞成我去月子中心的人。

我妈觉得太贵了,她以一种朴素的个人经验,认定收费昂贵的月子中心都是骗钱的。朋友说:"你不需要啊,你都生过一个了,第二个应该很熟悉了吧。"我一开始觉得挺有道理,对啊,我可是生过一个的,这些题我应该都会做。清醒过来后想想,不,我会的一切都已经还给时间了。

我对月子中心最大的犹豫是,失去自由怎么办?不能每天看到儿子,一定也很折磨。虽然抛夫弃子去旅行的时候,压根想不到这种折磨。

"我还是想回家,但是照顾小孩很累怎么办?"散步的时候,我和小陈经常讨论要不要去月子中心的问题。

第一回合　再次迎来哺乳期

小陈说："有我啊。"

他这份独一无二的自信，让我忍不住把白眼翻到天上。很多准父亲都有一种认知偏差，他们以为自己喜欢小孩，就是当之无愧的奶爸了。我是上过一次当的人，于是我立刻改主意，还是去住月子中心吧。小陈连连点头："好啊，住进去我们一家都省事。"

很多过来人告诉我，住在月子中心里面，简直像身处天堂，压根不想出来。我一点也不认同，天堂应该是在南太平洋小岛上，在没有一颗石子的细沙滩上——头上是几丛茂盛的棕榈树、一顶白色帆布大伞，人窝在躺椅上，手拿一本侦探小说，喝着一杯冰凉的莫吉托鸡尾酒——肯定不是在月子中心里吃着一日三餐三点，跟月嫂时不时唠点家常……

后来知道了，别人说像天堂，是和回家后的日子相比。

住进月子中心后，我买到了两件很宝贵的东西，舒缓的心情和足够的睡眠。你的任何问题和焦虑，都可以投给时不时来查房的医生和护士，绝大部分情况下，他们都会说："这很正常，这一点不奇怪。"这不禁让我想起来，我妈无数次大惊小怪地问我："你看小朋友脚很冰，正常吗？他今天体重没长，是不是你奶不够？他今天拉了七次，肯定是因为你吃了两片西瓜。"

在月子中心，一方面，我获得了文明。另一方面，又不得不承认，我经常睡得跟头母猪一样。特别是在半夜，宝宝醒了，我没醒，全赖月嫂换尿布，把小孩放到我身边。我像昏迷了一样，一边睡一边喂，喂完还是靠月嫂给婴儿拍嗝，再次换尿布，轻轻拍着哄睡。

每当这种时候，我都觉得月子中心太好了。但其余时间，我时不时想要越狱一会，想出门走几步，随便看看，去便利店买瓶水也好过待在房间里。依我看，小陈才是月子中心最大的受益方。如果说我像只关不住的野狼一样在房间里走来走去，小陈每次来，就像一个真正属于这个房间的人。

月嫂总说我："你怎么不睡？你多睡会，休息好了才能下奶。"我睡不着，江南地区的人是很勤劳朴实的，只要白天打了瞌睡，就觉得自己在犯罪。

而小陈不用任何人劝，他跟刚出生的新生儿睡得一样多。他可以在沙发上睡，也可以在床上睡，不管是午饭前的半小时，还是吃完饭后理所当然的午睡。晚上，他睡得比谁都香。妹妹刚出生后的两三天，晚上哭得很凶，怎么都哄不住地嗷嗷哭。我和月嫂忙得团团转，只有小陈，像房间里一只沉睡的巨兽，谁都吵不醒他。

当时我心想，幸亏没听他回家自己带孩子的建议，不然第四天很可能已经在大吵特吵："说话不算话，你算什么男人！"

第一回合　再次迎来哺乳期

等到国庆假期,儿子早早报好五日夏令营,小陈更加全情投入地坐起了月子。

他喜欢喝汤,也喜欢各种滋补佳品,比如小米炖海参、焖煮大龙虾,我越看越觉得月子餐更适合他。跟上次坐月子一样,这次我还是没喝过一碗汤。主要原因是荤汤容易引起乳腺炎,我不想冒险。小陈每次一边吃喝一边学习:"下次我炖鸡汤,也要把皮和油都去掉。""这个鸡头米炒虾仁的搭配不错,我学会了。"……

这个时代的产妇,都进化了,没有人会特别大吃大喝;月子餐都是少油少盐系列。但产妇的丈夫,都退化了,因为无所事事,坐在房间里吃得比谁都多。他们唯一的劳动,就是趴在小婴儿旁边,非常投入地逗两下小孩。

小陈最喜欢的一项活动,是陪小婴儿睡觉。月嫂总爱跟我说:"孩子睡你也睡,这样你才有精神。"我做不到,好不容易她睡了,我可以干点自己爱干的事,为什么要浪费在睡觉上?但小陈特别听得进这句话,他看起来比刚生过孩子的人更疲惫,已经到了沾枕头即睡的完美程度。

看着他慵懒的样子,我忍不住幻想,如果小陈是产妇该多好,月嫂再也不用劝他多休息,也不用劝他多喝点汤、多吃点滋补的。唯一的困难是,小陈不下奶。

据说让父亲在哺乳期间和母亲分工，理论上是可行的，他们只需要服用一粒泌乳药丸就好。关键你不知道之后会发生什么。

我在月子中心盯着睡觉的小陈，想了想这种可能性，觉得他倒也不是非喂奶不可。就大部分男性的忍痛程度来看，他们稍微挨点疼就哇哇乱叫，要是婴儿真的凑上去大吸一口乳头，爸爸们很可能会把小娃娃一把扔出去。

想点实际的吧，我希望他能尽快学会换尿布、抚触、拍嗝、给婴儿洗澡，处理各种小问题。小陈自信满满地说："这些我都会啊，艾文那时候不都是我做的？"

有一天，他抱着妹妹想要拍拍嗝，只见他把婴儿竖抱起来，想把她的头放肩膀上，手刚刚扶着脖子靠上去，立刻就松开了。我眼看着妹妹的头毫无支撑地被甩到了小陈肩膀上，整个人倒吸一口凉气。基因决定女人来生养小孩是有道理的。爸爸来进行最初的抚育的话，地球上的人口压根不会这么多吧？

今天早上，我去月子中心上了一节育儿课，进去一看，教室里都是身形瘦削的产妇和养得白白胖胖的爸爸们。

产妇们都不怎么认真坐月子了，我们不吃高油脂、高营养的东西，还时不时命令自己出去散散步，每天早上称一次体重，时刻关心着瘦了多少。但男人们只要逮住机会，月子坐得比谁都认真。

第一回合　再次迎来哺乳期

> 手足相残不至于，
> 手足情深也不见得

儿子刚知道我怀孕的消息时，表现得很像电影里那些激动的父亲。

他两眼放光说："真的吗？"然后带着这个好消息通知了所有人。当时正好是疫情严重的时候，他在家里上网课，跟上网课的每一位老师都隆重宣布：我妈妈肚子里有小宝宝了。

等到孕五个月，疫情宽松一点了，能出门了，他表现得更加疯狂。那时我还没怎么显怀，艾文每次都会很夸张地在电梯里大声说："妈妈，小宝宝踢你了吗？"有时家里来客人，他会很起劲地在旁边问："小宝宝还有多久出生？"

他那种想让全世界都知道我怀孕的喜悦，真的太美剧了。

不光高兴，他还背地里做起了科研工作，在电视上看了好几部类似《生命的奥秘》这种纪录片。直到有一天，我发现他在用手机查"怎么给小婴儿喂食"这种问题，跟他在外面捉了个甲虫，回家疯狂查阅甲虫喂养知识一模一样。

艾文对小宝宝的兴趣之大，一开始让我很欣慰。看，我儿子到底走出了老大的局限性。网上经常有十几岁的小孩发帖，称爸妈如果养二胎，做老大的一定偷偷掐死这不该来的小东西；还有二十岁的女孩声称，一想到家产要分给老二一半，伤心难过得不想活了。

真庆幸，我没养出这种小孩。一个朋友告诉我，激化兄弟姐妹矛盾的，通常都是家里长辈有意无意说的那些话，类似"你妈要生小弟弟了，马上不要你了"，"你有了小妹妹，所有玩具都给她行吗"，"妹妹比你可爱多了，以后没人喜欢你了"……

长辈都被驴踢过脑袋吗？看看电视上的《老娘舅》节目里有多少兄弟姐妹在争家产就知道了，斗争，是很多老年人一辈子的生活主旋律。还有就是，闲着无聊，很乐意看小孩瞬间心理崩溃。

为了避免艾文受这种刺激，我事先跟他演习了好几遍，遇到这类无聊的话应该怎么应对。

"如果有人跟你说，爸爸妈妈有了小宝宝，就不喜欢你

第一回合　再次迎来哺乳期

了，怎么办？"

"不会的，到时候我就要批评这个人，他都是瞎说的。"

"如果妈妈生完小宝宝，没空照顾你了怎么办？你会不会很伤心？"

"不会，我也要忙着照顾小宝宝。"

"如果有人说，小宝宝比你聪明可爱，你会生气吗？"

"反正我是老大，小宝宝要听我的。"

当时听完这些答案，我看着儿子小小的身影，觉得他周边简直笼罩着一层金光。怎么会有这么懂事的小孩？情商高得几乎可以做我和小陈的老师。

发现不对劲，是在生产前。小陈问艾文："小宝宝出生后，我们每个人都有不同的任务，你打算怎么照顾哇？"

艾文毫不犹豫地回答："我想喂奶。"

……

"轮不到你喂，你妈妈会喂。"

"我就想喂奶，不行吗？"

此情此景让我想起了今年上半年他捉回一只壁虎，回家拿了水瓶给它安置好一个家后，立刻冒雨出门给壁虎捉飞蛾当晚餐。他对喂食宠物特别有兴趣，我和小陈立刻从担心老大嫉妒老二，换到了另一条轨道上，担心老大对老二太热情。

花了大概半个月的时间，我们每天叮嘱艾文："千万不要给小宝宝喂东西。""小宝宝长大前，什么都不能喂。""不要捉虫子回来给小宝宝，什么虫都不行。""绝对不能拿小粒的糖逗婴儿玩，知道吗？"……

带着对艾文的万般不舍，我于一天深夜上医院生小孩去了。生完第二天，艾文来看小宝宝。艾文来之前，病房里有小小一只的妹妹，加上我、小陈、阿姨三个大人，气氛平静祥和。艾文一进来，房间瞬间就像一锅煮沸的粥，他不知道在里面倒腾什么，东找找西摸摸，在数次制止未遂后，我儿子骄傲地宣布："我给妹妹的窝搭好了。"

他每次一得到什么宠物，第一反应就是筑巢。乌龟、壁虎、甲虫，他都能给搭出一个生机盎然的家。这回他给妹妹的家，搭在透明小推车上，有一个半月形哺乳枕，像一座彩虹桥，里面放了玩具熊、小毛巾。

然后他开始一遍又一遍地重复："把妹妹放上来吧，把妹妹放上来。"

他迫不及待地想让妹妹试试新家，我琢磨着，是否该跟他解释一下婴儿猝死综合征：你给妹妹搭的家只会害了她。还没来得及说，小陈先出手了，神情严肃地跟他说明：妹妹的小床上不能有任何东西。

第一回合 再次迎来哺乳期

艾文似懂非懂,看起来万分遗憾。

从那以后,每次只要儿子来,我的心就像被他揉皱的床单。原来看儿子挺可爱的,但每次他走进月子中心的房间,脱掉鞋子往床上一跳,开始翻来翻去折腾时,内心竟然会想:幸亏他只是来一小会。

手足相残是不至于,但妹妹出生后,原来我渴望的手足情深,也没怎么出现。艾文显然对一天到晚都在睡觉的小婴儿没什么实质的感情,虽然这个婴儿跟他长得一模一样,我无数次在内心呐喊:这可是你的亲妹妹。

他看她的工夫,还没有盯着家里的小丑鱼多,看几眼,就开始了自己的嬉戏。因为我的床有升降功能,他能在这张床上玩上足足一小时,之后被小陈骂着吃饭,少不得又要打翻半碗汤,弄洒一勺米饭,在房间里到处找零食,弄得乱七八糟。

这种时候我总是很庆幸,妈呀,幸好当时脑子一热选了月子中心,如果在家天天盯着两个小孩,可能早就气得大规模回奶。

等儿子一走,房间又恢复了往日的宁静。妹妹吭哧吭哧醒了,午后阳光斜斜地照进来,喂完这次奶,我又是个短暂的自由人了。

二胎果然跟幻想的不一样,指望七八岁的儿子能表现出什么大哥风范，完全是昏了头。在探望我的几次里，只有一次，他表现得十分像个哥哥。十月一日这天，艾文拿了所有作业来。妹妹睡觉的时候，哥哥安静地做了两小时作业，因为他爸爸承诺，做完作业，马上出发去动物园看猴子。

艾文毕竟还是个小孩，指望他们能表现出手足情深的时候，很可能真的要等五六十年后，我再次躺在病床上，他和他妹妹商量要不要给我拔管吧。

第一回合 再次迎来哺乳期

生二胎真的那么快吗？

关于二胎，我的经验教训就是，一胎的经验教训，二胎时常常没有用武之地。果然每个小孩都是不同的。

艾文是在孕三十六周的最后一天发动的，所以这一次，我自从进入第九个月，就把每一天都当成了临产日，结果越等越急躁，怎么还不生呢？我的医生很好，每个星期都告诉我："你看，多好哇，小孩在妈妈肚子里多待一天，就发育得更好一点。"三十七周过去了，紧接着三十八周、三十九周，眼看快四十周了，还没一点动静。

在预产期前两天，我有点克制不住，跟小陈说："晚上必须出门散步，并且我想走多久走多久。"孕晚期的每一天都很煎熬，实在是受不了每次在床上翻个身都要分成好几步——先翻一条腿,再捧好肚子,随后翻过另外一条腿;同时嘴里必定骂骂咧咧,疼啊,下半身可以听到骨头"咔咔咔"的声音,代替我发出呼救声:受不了啦,真的受不了啦!

这天晚上,我散了一个长长的步回来,回家后,开始感觉到肚皮阵阵发紧,但不疼。一开始没在意,心想应该就是传说中的假宫缩。后来次数逐渐频繁、规律,五分钟一次。

好像有点要生的意思了。上孕期保健课的时候老师说,经产妇一有任何症状,最好马上来医院,第二胎生起来很快。想到这点,我在凌晨两点半打了医院电话,护士说,过来检查一下吧。

我忽然有了种要去高考的心情,紧张,期待,还是紧张。真的就要"考试"了吗?

出发的路上,小陈一边开车一边叽叽歪歪,一会说后视镜加的防眩光功能真好用,一会说他是不是也该带身换洗的衣服。我没心情参与这些讨论,只想着,闭嘴吧大哥,让我静静。

到产房做了半小时胎心监护,护士看了眼说:"嗯,宫缩还不是很强。"想着果然白跑一趟,半夜躺在医院的滋味真不好受,赶紧收拾收拾回家吧。

五分钟后值班医生来检查,告诉我一个匪夷所思的消息:"已经开四指了,不能放你回家了。"

第一回合　再次迎来哺乳期

什么？四指竟然一点都不疼？

医生又说，他刚接生完一个二胎宝妈，差不多一小时就生好了："今天你肯定要生了。"我挺想说一句，我还没准备好。但这是句废话，小孩准备好了，要来了！

之后从检查室进了传说中的一体化产房，卫生间里有个浴缸，我猜是给产妇泡澡缓解紧张用的，不过我没用上。小陈在沙发上躺了会，时不时有护士进来查看开指情况。这急转直下的剧情，在清晨又开始了拖拖拉拉的情节——又没什么动静了，我既不觉得疼，也不觉得有什么异样。

时隔七年，我再次挂上了催产素，直到八点，依然没什么动静。

八点半时，我的产检医生来了。我看到她就放心了一大半，她看到我也很开心："你看你老担心早产，现在都快预产期了。"检查后她告诉我，已经开到七指了。

我的天哪，那我为什么还不疼啊？这时候无论如何也该疼到死去活来了啊。我一直准备着有那么一刻，拉着护士的手说：赶紧上无痛吧。快让我也体验体验传说中可以救命的无痛分娩。这时医生和护士都说：不用打无痛了，等麻醉医生来，再等无痛起作用，你都生完了。

为了加剧宫缩，医生给我人工破了羊水，从八点半开始，强烈的宫缩开始了,每次觉得疼得有点扛不住时,它又过去了。我女儿真伟大,她发动的时候,简直跟教科书一样标准。

九点钟,我开始觉得真正疼得无法忍受。这回腿没有上产床,左脚在助产士身上,右脚踩在医生身上,她们教我用力的方法——一口气憋住,数着,不要泄,同时两手掰住大腿使劲往外打开——小陈这时在旁边站着,就像一根完美的柱子,直到医生说:"你拉住她的脚。"

"二十分钟,"医生说,"二十分钟我们结束战斗。"

我还是难以置信,总应该跟上次一样,疼到死去活来,在产床上跟大虾米一样拱起来才算要生了吧?人总活在自己愚蠢的经验里。

因为一开始没掌握好使劲的技巧,我浪费了十分钟,后来趁宫缩过去时,努力厘清思路。医生再次提醒我:"一切行动听指挥,你一定要听我的。"

这里我想说句肺腑之言:在产床上虽然痛得无法忍受,你可能会哇哇乱叫,但这些大喊大叫对生产真的一点帮助都没有,只会泄气。产床上我才明白那句心灵鸡汤:越痛苦,越努力。

使劲姿势不对,错过几次宫缩后,医生说:"你已经掌握方法了,这回我们要真的开始了。"果然效果卓越,试了两次后,我竟然感觉到了小孩的头,就撑在门口。那几秒或者几十

第一回合　再次迎来哺乳期

秒,是真正的疼痛,有种耻骨被整个撑开的感觉。医生给我打了点麻药。

人这时候很惶恐,疼成这样了,还得多久?等下会更疼吗?所谓的十级疼痛,我是到了还是没到?

只听医生说了一句:"头出来了,像爸爸。"这时我差点整个人一软,为什么我这么努力,基因却一点不照顾我的感受?

就这样,我女儿出生了。一大团粉色的肉,忽然被医生抱到我胸上。我凑近一看,天,这皱巴巴的小脸,还有一额头的毛,我情不自禁脱口而出:"有点丑。"病房里同时响起反驳的声音:"哪里丑啦?是好看的小公主!"

顺产,没有用无痛,没有侧切,下边只有一点点撕裂,缝了一针。最重要的是,这回大概因为疼痛时间短,生产时间也短,产后没到两小时,我就从病床上起来,自己走路去上了个卫生间。比起上次站起来时两眼一黑,这次一点问题没有。

生完后,助产士使劲夸了夸我:"你太厉害了,都没用无痛。"我问她:"如果用了无痛,是不是没有那么疼?"她回我:"会好一点,但是你靠自己生,多棒啊!"

如果说上一次生产,让我感觉自己像被轰炸过的废墟,由里到外爆破了一次,那么这一次更像真正的"卸货",生完神清气爽、精神愉悦。

到病房后，我立刻胃口大开，吃了顿中饭。

你看，二胎样样都跟一胎不同。生一胎，年轻，可初产妇因为恐惧和没有经验，入了无数个坑。生二胎，有经验了，只是岁月不饶人，又添加了一些新的痛苦。

但看着婴儿床上那个粉嫩的小婴儿，还是觉得震惊，竟然又生了一个小孩。

不过通过第二次生产，我依然可以确认一个事实——比起养小孩，生小孩确实不算什么大事，不过是一些具体的、可以跨越的生理痛苦而已。

现在，亲爱的朋友们，真正的考验开始了。

第一回合 再次迎来哺乳期

世界上最难的创作一定是给小孩取名

妹妹出生快一个月了,依然没有名字,连小名都没有。

月嫂抱着妹妹,朝我呵呵一笑,说:"怎么还没给我们小宝取好名字?我们老家都说,小孩三天不起名,长大准是糊涂蛋。"

月嫂有两个小孩,一男一女,她说儿子生下来很瘦小,希望他壮点儿,起了小名叫壮壮,女儿叫娇娇。她给我看两人成年后的照片,果然,男壮女娇,算是实现了父母的美好期待。大名是花了钱的,找大师两百块各起一个,五行缺啥补啥,这事可马虎不得。

我生第一个小孩的时候,还年轻,压根不信生辰八字。第一次比较随意,儿子艾文的大名,是他自己用小手抓的一个字。小名更随意，叫宝宝，一直叫到六岁幼儿园毕业。

名字没什么，名字只是人生这本书的书名，但在还没有取名的时候，名字又意味着一切。

朋友说："你一个作家，连女儿的名字都想不出来吗？"

这太正常了，作家通常不喜欢任何跟圆满有关的故事。写小说的时候，总想着要把主人公往悲惨的方向写，千万不要坠入廉价的幸福之中，不然还有什么看头！你会很随意地给书里的角色起几个名字，为了打字时更方便，我热爱单名。有时随意问朋友借用一个名字。有一次一个朋友跟我聊他的前女友，我发现这个人很有意思，忍不住问了名字，直接用在某个角色上。

你不可能这么对自己的亲生女儿，这么鲁莽、草率、不负责任。于是我转头做了件最庸俗的事，在网上花几十块钱找了个国学大师，看看他有没有什么好主意。

大师很快提供几十个极具琼瑶感和武侠感的名字：语嫣、盈羽、柔君、紫陌、忆瑶……这些名字让我明白，大师这么多年一定做了无数单生意。我随意打开一个家长群，里面就有好几个紫陌爸爸、柔君妈妈。

倒也不是不好，但像语嫣这种名字属于大美人。我转头看了看睡得正香的女儿，她看起来像一颗可爱的小蚕豆：眼睛小小的，浅浅两道缝；鼻子也小小的，但跟哥哥一样，鼻孔很大；唯一值得称道的是嘴，也是小小的。我生她的时候，费了九牛二虎之力，终于看到胜利的曙光之时，医生来了一句："头出来了，像爸爸。"当时心里猛地一泄气。

像小陈的话，大概率就是小眼睛的圆脸女生，顶着大美人的名字，显得很没意思。美人有什么好做的，我女儿才不稀罕呢！

朋友给了我一个思路。她说杨振宁发妻杜致礼，生的女儿和她长得几乎一模一样，于是取名杨又礼："你家妹妹和哥哥长这么像，要不你可以参考下？"

我深感这是个思路，另一个朋友立刻反对："为什么妹妹要复制哥哥的名字，妹妹就不配有自己的人生吗？"我又觉得也有道理，妹妹不配有自己独一无二的人生吗？

考虑到妹妹生在秋天，"秋"是一个很好的字眼，我想了无数个跟秋有关的名字：秋野、知秋、一秋……后来不知怎么的，总觉得秋有一股肃杀之气，到底不如春和夏来得生机勃勃、充满朝气。妹妹不能变成林妹妹，如果是这样的话，我们的母女关系一定一言难尽。而"秋"在上海话里的发音，总是跟坏脾气有关。于是我把"秋"这个字扔进了垃圾桶。

取大名一时又陷入了僵局，我催促小陈，好歹先取个小名。

艾文不停地在床上扭来扭去，说："叫妹妹陈小云好了，她出生那天，不是多云吗？小晴也可以啊，到底行不行吗？"

小陈想了半天，说："小名叫西西怎么样？"我试了试这个发音，唉，"西"在上海话里的谐音字含义不好，又不能用。既然选择上海作为居住地，总要尊重一下地方文化。

说实话，取小名最难的地方是，当你想出一个朗朗上口的小名，第一天带着女儿在小区遛弯，很可能就会跟邻居的狗撞个满怀，狗把所有的小名都给用了……

然而妹妹必须要一个小名，因为我妈每次看到妹妹，都会感慨地说："她跟宝宝小时候很像，她和宝宝一样，耳朵长得很好。"这里的宝宝，是指我儿子。

"那么，"我跟小陈建议，"就叫妹妹不行吗？"

"不行！妹妹太多了，我们至少认识五个妹妹。"

取名难的问题，在于中国人实在太多了，还在于乱七八糟的禁忌实在太多了。

我不禁问自己，我对女儿的期待到底是什么？

我希望她平凡快乐，还是与众不同？希望她能让我骄傲，还是到处闯祸却古灵精怪？希望她温柔礼貌，容易相处，还是桀骜不驯，天天跟我吵架？

我什么也不希望，我希望小孩有自己的人生，希望她拿着笔自己写自己的故事。我不愿意为她安排任何事，不愿意事先考虑好，这个女孩该学舞蹈、练钢琴，琴棋书画无一不晓，还是该三岁学英语、五岁写作文。

啊，她生来就是自由的，怎么能用一个名字束缚住她？果然，我和小陈的确是一对糊涂蛋，我们想得太多，发散得太多，为名字赋予的意义太多，还不如月嫂，敞敞亮亮叫女儿一声娇娇。叫娇娇的女孩不一定娇气呀！

我想起小时候，女孩的名字通常带有"丽、娟、萍、燕、英"，这些普通的名字散发出一股温暖质朴的家常味。邻居家的姐姐叫某某燕，小名叫小燕子，她妈妈总是充满柔情地说，我们家小燕子如何如何。而我，在爷爷奶奶没去世之前，他们喜欢叫我小莉莉，哪怕小莉莉已经三十多岁，生了一个儿子。

女儿到底叫什么名字？我和小陈商量了一下，还是抓阄吧。她的命运还是由她自己一手掌握吧。

为什么我也忍不住毒舌起来

妹妹长得普普通通。在医院时,我和阿姨推着小车带她去洗澡,经常有好奇的脑袋凑上来。嗯,如果我看到小车里的小孩,也会把脑袋凑过去的。看看又没什么,婴儿又不会朝你翻个白眼,对吧?凑到妹妹头上的脑袋,观察两秒钟后,会说:"咦,跟我们家的长得很像。"

大部分新生儿长相都惊人的相似,就像我们大部分普通人,走在马路上,压根没人朝你多看一眼。只有极少部分人是上帝特意包装好的礼物,看得出花了挺多心思,属于专门拿出来给大家开开眼那种。

住我隔壁房间的,就是一个极其漂亮的女婴。我第一次凑脑袋过去时,一下被震惊了。一般新生儿都有点混沌不清,那孩子却有一双五米外都很招魂的大眼睛、长而卷翘的眼睫毛、

第一回合　再次迎来哺乳期

小小的鼻子和嘴，就像电视里经常出现的那种小婴儿，让你脱口而出：哇，好漂亮的宝宝！眼前这个婴儿提醒了我一个事实，新生儿是可以很漂亮的，才不是别人告诉我的，刚出生的小孩就是丑丑的。

等我再回头看自己的女儿，忽然心理上有点难以接受。怀孕的时候我曾经默默许愿，宝宝只要健康就好，丑点没关系。等真的生出来之后，才知道做父母的有多贪心。哎呀，如果她的眼睛再大一点该多好，鼻孔小一点的话倒也不错，可是小眼睛大鼻孔，总是很难办。

每次我在走廊里遇到那个漂亮宝宝，回来都会不知不觉对着怀里猛吃奶的女儿叹息："你眼睛可真小。哇，你连眼睫毛都没有。"阿姨在旁边听到这话，叹了口气说："她现在小，听不懂，等她大点，她得气死。"阿姨说她有个叫萌萌的侄女，刚上幼儿园，谁说她眼睛小，她准会气得要命，大哭一阵。什么？小女孩这么敏感吗？然而就在那么一瞬间，我仿佛开悟一般，明白了为什么我和我妈的母女关系这么一言难尽。

还记得小时候有一次我和她一起坐大巴出去玩，心血来潮，我问了她一个问题："妈妈，我漂亮吗？"那天太阳挺好，应该是晴朗明快的秋天，我穿着一件天蓝色的新衣服。我妈转头看了看我，在那么好的阳光下，她特别认真负责地说：

"你啊,就是普普通通,你继承了我和你爸的所有缺点。"

她怎么忍心朝一个七八岁的小女孩身上插这么一刀呢?

不过我妈一点都不觉得不好意思,她每次数落我的缺点,像菜市场上卖肉的屠夫,手起刀落,一刀刀砍来砍去,痛快极了。她能从我的头发丝数落到脚后跟:"皮肤怎么不白啊,黄黄的;手指头怎么粗粗的,一点也不像小姑娘的手;你的脚怎么这么大?"而且每次都是当着一堆亲戚的面,开足马力说个没完没了。

我稍微大一点的时候,抗议我妈:"你别再这么说了。"她有点委屈地表示:"我对你还不够好吗?你看隔壁小雨妈妈是怎么骂她的。"我一下沉默了,那小雨妈妈很是生猛,是小孩子一看到就想贴墙壁溜走的人物。她骂人的时候中气十足,足足可以骂上几小时,连独生女儿都不能幸免。比起她,我妈太仁慈了,仁慈到她几次懊恼,这样把我宠坏了怎么办。

三十年前养小孩,跟现在风气完全不同。我妈有一次回忆说:"七月底生了你,十月份我就去上班了。"那时单位还有托儿所,据说托儿所会把一两岁的小孩统统放在痰盂上。有一次我妈中午去给我喂奶,发现我坐在痰盂上,下班时候去接,发现我还是坐在痰盂上。她心软了,就把我带回家了。

她总喜欢深情地描述,以前对我有多好,转头又是一句:

第一回合 再次迎来哺乳期

"你长了我和你爸的所有缺点。"我一直不明白我妈为什么这么做,直到我也生了女儿。

妹妹可爱极啦,软软的一团。一开始我看不出来像谁,人人都说,像爸爸。过了一个月,有一天我猛然发现,天,跟哥哥婴儿时期一模一样。但是中国人特有的内敛,让我无法脱口而出:哇,我女儿怎么这么可爱!

我好像被施了什么黑魔法一样,嘴巴里尽说些公平公正、铁面无私的话:"她长得好平凡,你看她的脑袋,上面小下面大,像个梨。"过几天长了一点点睫毛出来,又说:"看看,跟大闸蟹腿上的小绒毛一样短……"有一次妹妹哭的时候,我看到她慢慢涨红了整个身体,小脸扭曲成一团,几撮头发竖得很直,有个比喻就这么飞进了我的脑子:"天哪,她看起来真像只没毛的小猩猩。"

我的毒舌程度一点也不输给我妈,相反,进化得更狠毒了。

真的,对着一个连十斤都不到的婴儿,我竟然嫌弃得这么彻底。有些人可能会觉得,那你是不是重男轻女?那绝没有这回事。儿子小时候,我一定也没少嫌弃。直到有一天我说他胖得像头小猪,他想也没想回我:"那你就是大母猪。"气得我差点一口气没上来,从此终于把儿子当成了一个独立的个体。

满月后带着妹妹回家,我妈在家等着,喜不自禁,看到妹妹的瞬间，她咧开嘴角喊道："臭猪，你眼睛真小！"

我自觉又输了一成，我妈竟然可以展开双重攻击。只有在妹妹被攻击时，我才醒悟过来，开始教育亲妈："你别这么说了，你以后要多夸夸她，说她可爱、漂亮、聪明。"我妈有点不服气，说："要这样子说小孩，她才会好养。"后来她看了看小陈的脸色，自觉地抱着小孩走了。

她可能学会了不说我女儿，但她自己的女儿，还是该怎么嫌弃就怎么嫌弃。回来的头两天，她每天都带着来送红包的亲戚参观我家。当亲戚说厨房挺大的嘛，她立刻扑上去："大什么大，小得要死。"亲戚说还有个院子呢，真好。她说："就是太小了，这么一点点地方。"

这时我跟在后面，忽然内心燃起了熊熊的火焰：哼，下次要买一个大得让你们走一圈都嫌累的房子。

所以嘛，你看，贱养也没什么不好。看着妹妹的小脸，我有点困惑，到底该从小对她夸个不停，还是一开始对她狠点，让她明白她才不是什么小公主……

第二回合
要不要请帮手？
这是个问题

请月嫂到底是不是缴产妇的智商税？

微博上有个男人写了篇稿子，说请月嫂完全是缴智商税。其文章大意是这样的：月嫂都是四五十岁的农村妇女，没他有文化，没他专业，没他爱钻研育儿知识，就一大妈，凭什么请一个月要花一万八千八百八十八元？照顾新生儿还不简单？无非是换尿不湿、喂奶、清洗奶瓶及消毒、哄孩子。雇月嫂的都是傻子吧？

我一开始也是这么想的。月嫂凭什么那么贵？

上海市面上的月嫂，一万八千元是中间水准，只要你想，市场就能给你兜售两万五千元的金牌月嫂、两万八千元的明星月嫂……远超我给家里全职爸爸发的月薪。小陈虽然平常看着又懒又馋，但怎么着也应该比农村大妈贵一点吧？他好歹受过高等教育，拥有英语专业八级证书，常年奋战在带娃一线，并且是孩子的亲生爸爸，光凭最后一点，就比一个外人好上千百倍才对。

当时我们是这么商量的，等二胎出生后，他将变成真正的奶爸，二十四小时上岗，实现传统意义上的一把屎一把尿把妹妹拉扯大。直到我们都想到一个问题，那老大怎么办？要不第一个月先到月子中心，给我们全家都缓冲一下下？

真的有了月嫂，你将发现一个令人后怕的事实——幸亏没叫爸爸来。

这跟爸爸是不是有耐心、温柔细心会照顾、百分之百热爱小孩、有没有大学文凭、看没看过育儿书，完全没有一点关系。月嫂就像一个育婴界的熟练工，她手法娴熟，毫不迟疑，听到小婴儿拉屎的声音，基本能判断出拉了多少，是需要马上更换还是可以再等一等。这时候被你寄予厚望的奶爸，对比之下就跟个二傻子一样，抱着小孩动都不敢动，他还在内心排练：我到底该先走哪一步？

我完完全全想起了第一胎的时光，那时候常常累得半死，一天只睡三四个小时。时隔七年后，小陈经常光荣地跟别人说，艾文的尿布都是他一个人换的。那完全是他的错觉，小婴儿一星期就能用完一包六十片的纸尿裤，他很可能只换了十几片，便以为自己换了全部。

刚生完小孩的产妇会有一种强烈的动物本能，当看到男人手法不熟练地摆弄着一个那么弱小的生命时，恨不得扑上去把男的一脚踢开："你走，我来。"

换了月嫂上手，心情终于全面放松，她们照顾起小孩来，到底是职业的，轻柔、迅速，嘴里还哼着儿歌，时不时夸夸小婴儿："怎么这么可爱！怎么这么聪明！"我为妹妹感到有点不好意思，长得跟个小土豆似的，居然能得到阿姨这么多夸赞。亲生父母抱着小孩，除了呆若木鸡地看着，却什么也说不出来。

育儿书上说，父母一定要在最初的几个月激励宝宝。道理我都懂，但让我一个成熟理性的成年人，当着一个小婴儿的面跟花痴似的喊着"宝宝你好棒！宝宝你真厉害！宝宝你真的太漂亮了！"嘴唇总跟粘了胶水一样。这时候不由得羡慕起月嫂来，她们个个都爱哼着小曲，只要一对着小孩立刻笑靥如花，正能量的词汇滔滔不绝奔涌而出，让你相信孩子棒极啦，什么毛病都没有。在熟练工的眼中，任何问题都不是问题。

生第一胎时，我在家累得半死，还时刻要跟我妈斗智斗勇，后者就像《十万个为什么》一样，天天提问："小朋友舌头有点白，正常吗？""他老是抓头发，正常吗？""他脚摸起来很冷，是不是感冒了？"这些问题能把你整成一个疑神疑

第二回合　要不要请帮手？这是个问题

鬼的神经病，让你一有空就在网上查个不停，看看是不是已经大事不妙。普通人生养一两个小孩的经验，在育儿界完全是学渣级别的，根本不如月嫂一句轻轻松松的"小孩都这样"——她的整个人生都在带小孩嘛。

妹妹出生后的前半个月，很少哭闹，她总是睡个不停，我和月嫂都有点无所事事。有那么几个时刻，我心想，哎呀，小孩这么乖，请月嫂好像有点亏。妹妹是后半个月开始闹起来的，前半个月她可能还没醒悟过来，啊，我已经出生啦。后半个月，小孩精神百倍，不哭，但老是吭哧吭哧不睡觉，月嫂终于开始忙起来了。

我在这时候忽然察觉到，其实一天喂十几次母乳，工作量挺大的，相当于随时待命，但有月嫂在的话，待命的时候可以轻轻松松追个剧，看个小说，写篇稿子。不像以前，你得时不时上去探一下小孩的呼吸，还活着吧？还得在她扭来扭去的时候提心吊胆，是要醒了？不舒服？尿了？但请了月嫂，你只管坐享其成，把提起来的心放松再放松。也就是在这些日子，我发现请月嫂太值了，金钱的力量让她变成了育儿战线上最信得过的队友。

离开月子中心前，我犹豫了好几遍，是否应该带月嫂回家？带吧，挺贵的，而且全职爸爸是不是该正式上岗了？不带吧，看了一眼旁边睡得死沉的小陈，我对他油然而生一股不信任。他不行，他不会像月嫂一样在深夜随时待命，非要你踢一脚他才动一动。

半夜至少起床两三次，换尿布、喂奶、拍嗝、哄睡。这些事情看似简单，但困得眼皮都抬不起来的晚上，伺候婴儿可能是要命的行为，特别是想到婴儿忽然睁开双眼，告诉你她很清醒的时刻，我仿佛看见了自己抱着她枯坐到清晨的绝望。

我还是带月嫂回家了，心甘情愿付了钱，这是买命的钱啊。

我爸每次来看新生儿时，妹妹都在呼呼大睡。终于他忍不住问我："你这阿姨请来干吗？"看，男人就是这么单纯。我脱口而出："半夜一点、三点、五点要喂奶，那你抱过来给我喂？"

每当小孩吐了一床奶，拉屎拉到溢出尿布，沾满隔尿垫时，我都庆幸：太好了，站在旁边看着就行，做个游手好闲、无所事事的人可真快乐。这时候最想做的一件事，就是把衣橱里那两个香奈尔包拿出来——两个包价值七八万元，我天，可以请四个月月嫂，买四个月自由——当时为什么猪油蒙了心，居然买这玩意？

至于认定请月嫂就是缴智商税的奶爸，我又一次感到庆幸，虽然小陈没什么优点，但他从来没这么狂妄自大过。自从妹妹出生后，我们一家总体来说风平浪静，不像上一次艾文出生的时候，两个月内提过不下五次离婚呢。

_第二回合　要不要请帮手？这是个问题

二胎奶爸的人间失格

小陈接我和妹妹出月子中心那天，显得心不在焉，兴致不高，人恹恹的。这让我有点不太高兴，理论上他应该喜笑颜开、满面红光才对嘛。

我问他："你是不是昨晚又看电影了？"

看电影是小陈宝贵的休闲项目。一般等儿子睡着后，他会收拾一番厨房，再把衣服洗了，这时就算眼皮打架，他也要坚持休闲一下，一边咔咔吃水果，一边看一部随便什么电影。有时看入迷了，到凌晨两三点才睡，严重影响第二天的工作。

真是的，也不看看今天是个什么日子。我内心腹诽，但决定不多言语，赶紧回家吧。月子中心待到最后几天，只想着赶紧回家，家里有很多好玩的东西，再说已经一个月没跟艾文长时间相处，我这辈子从来没这么想家过。啊，想家想得就像月光下一匹嗷嗷叫的孤狼。

直到真正进家门的那一刻,我才知道小陈的疲惫是从哪来的。

从车上下来,我发现家门口摆了一个十分气派、华丽的气球拱门,类似于乡下婚礼那种排面。我吓了一大跳:"这都你打的气球?"

小陈点点头,挤出一句话:"昨晚打气球打到早上五点,实在太困了,不然这个门还可以再大点。"

进门一看,家里简直是气球的海洋——楼梯口摆着气球,客厅里铺着气球,婴儿房全是气球——这场面,果然是公主的待遇。

"你傻不傻啊?自己打这么多气球。"我脱口而出后,想起来今年六月份艾文的生日会。我们在网上叫了个打气球的服务,一千块钱叫来两个人,他们花两小时在家搞了不少气球。结果朋友们来家里后,都说我和小陈真傻,弄点气球还要一千块钱,下次自己扎多好。

他应该是记在心里,怕又被人说一回傻子,决定这回走经济实惠路线,自己搞,结果搞了整整一个晚上。小陈说,太难了,一开始不熟练,扎不好,后来终于熟练了,但也已经扎得差不多了,睡着之后,梦里都在扎着一个又一个的气球。

伟大的父亲!

到底是第二次当爸爸,又有月嫂全程带娃,比起第一次,

第二回合 要不要请帮手？这是个问题

小陈这回更注重在仪式感方面下功夫。我上楼才发现，家里已经被各种卡通贴纸布置得像小型幼儿园一般。

这……也大可不必吧。一是妹妹才这么一点点，什么都不懂。二是这些卡通贴纸实在缺乏品位、毫无内涵、土了吧唧，我一点都不喜欢这种童真的世界。

"喂，我想要的是，小孩住在我们家里，不是我们住在小孩的家里，你懂吗？"

小陈生气了："我贴你房间了吗？书房有吗？卧室有吗？妨碍到你了吗？"

那怎么不妨碍呢？花了这么多心血、这么多钱买的新房子，朋友们一进门，肯定在心里矮化我：啧啧，这个人也没啥品位嘛。

算了，改天我自己偷偷弄掉点吧。我本着以和为贵的精神，没再言语，同时深刻体会出了一点：在小陈心中，妹妹的地位实在太高了。

艾文长到七岁都没拍过纪念照。妹妹在满月时拍了一整套，其中和爸爸在窗帘前对视的照片大概有二十张，并且小陈特别开心地宣布，他买了个套餐，百日的时候还要再去拍一次。

我很震惊，因为小孩其实长得都差不多，有必要浪费钱拍上两套吗？可是看着小陈兴高采烈的样子，明显我说什么他都听不进去。他还买了各种婴儿用品，睡篮、提篮、婴儿座椅摇篮，不就一个小婴儿，需要躺这么多地方？咱们都是成熟的二胎父母了，对于这些东西的新鲜劲，一胎的时候就该过去了嘛。

等到回家住了一两个星期后，四口之家的生活终于走入常态化时，有种不对劲开始蔓延开来。

每次看到妹妹，小陈像个大马猴似的，一蹦一跳蹿到小婴儿身边，笑得满脸带褶，好像在欣赏世界上最珍贵的宝石、最伟大的奇迹、最杰出的发明。这没什么问题，但等小陈看完女儿，再回头看到儿子，一秒变脸，立刻带着杀气开始大骂："你还愣着干吗？叫你去刷牙，你要磨蹭到什么时候？！再不去，明天不出去玩了！"

艾文通常大吼一句"不要"，小陈又来一句："那还不快去！"原本美好的画面，瞬间进入暴跳如雷、鸡飞狗跳、一地鸡毛模式。

我十分不明白他这样做的心理是什么，仿佛一个是亲生的，一个是领养的，可是明明两个小孩都跟他长得一模一样。从血缘上可以百分百确定都是亲生的小孩，至于待遇差别这么大吗？

有时我忍不住要偏袒一下艾文，他看起来太可怜了。亲爹对着二胎妹妹笑靥如花，转头看到儿子脸色瞬间一变，还振振有词："我是为了他好，他到了该严格要求的年纪。"我不得不在

第二回合　要不要请帮手？这是个问题

书房藏了一大堆零食，有空就招呼艾文："你过来，拿着，千万别告诉你爸。"每次看到艾文自己爬到床上睡觉，大拍他马屁："你太好养啦，自己就能睡觉，你看看妹妹多么麻烦。"

前几年，小陈的微信头像一直是儿子的照片，几天前换了张风景照，说是用小孩照片当微信头像是油腻的一种表现。风景照只是一个虚伪的过渡，没两天他换上了他和妹妹的合影。

很显然，属于父亲的一碗水不仅没端平，还已经打翻了。

有时候真羡慕小陈，他对小婴儿有着百分百的热爱。我看着家里时不时发生的变化，却有点开心不起来。每天在那些气球装饰中进进出出，我实在有点烦了。差不多了吧？能不能不要老是生活在一个幼儿园里啊？

小陈总说："看在我扎到凌晨五点的分上，多留几天吧。"

一个母亲生完小孩，从此总觉得自己不再是个独立的个体了，乳房被占据，睡眠被征用。一个父亲有了小孩，开心得就好像再一次得到了全世界，他才不管什么水端得平不平、稳不稳。

幸亏艾文也并不怎么介意，他跑过来看妹妹的架势，跟小陈简直如出一辙，像个大马猴一样一蹦一跳，趴在妹妹床边说着："好可爱啊！"

这个家里，只有我，常怀千岁忧。今晚一定要把气球都给扔了！

论育儿书为什么没能改变我的家庭生活

你要是有传统家庭生活的话——我说的是有两个小孩，一个还在吃奶，完全不懂事，一个上了小学，半懂不懂，你和你老公每天绝大部分时间都围着两个孩子转，歇口气的时候会互相看一眼，眼神里都是绝望这种情况——你就会知道，生活是时好时坏的。

好的时候，四个人都还不错，有说有笑，其乐融融，但是这种时刻一般持续得非常短，就像走平衡木，刚刚走了两步挺稳的，正想咧嘴笑呢，就掉下来了。坏日子总是更多的，到处都是一些或大或小的矛盾。

第二回合　要不要请帮手？这是个问题

对我家来说，最近这一段时间，每天早上七点多，我都能听到老公大骂儿子的声音。通常这个时间我是应该睡觉的，因为凌晨三点多和早上六点多分别喂过一次奶，整个人处于支离破碎还在缝合的阶段，但听到骂声，心就忽地一沉。儿子总归是亲生骨肉，再难也想爬起来看看，但想想骂他的是亲爹，应该不至于出什么事。

过了一会，骂声消失了，我知道小孩出门上学去了，心里松了一口气。这口气到晚上八九点的时候又开始吊起来，老公又开始骂小孩了。其实也没什么大事，早上通常是因为儿子把牛奶弄洒了，发呆没吃早饭，水瓶忘记带，晚上是因为作业没做完或忘记做，一道题怎么做都不对。

小陈的怒气大到什么程度？有一天我和抱着妹妹的月嫂，一起在楼下听到他大骂儿子的声音。月嫂忽然感慨说："爸爸骂得太大声了，一想到我们妹妹长大也要被这么骂，我现在就开始心疼了。"

我感到不是滋味。

第二天早上，我随便翻了翻几本新送到的育儿书，有位编辑说我应该用得上。当时还心想，我这辈子都不想看育儿书了，养儿子的七年没少看，也没见儿子发展得怎么样。但是吃早饭闲着也是闲着，我打开其中一本翻了翻。

哇,第一章讲的就是"你为什么控制不住对孩子发火"。

作者大概是弗洛伊德流派的,提出一个理论:你为什么会发火?不是小孩子激怒了你,是过去的自己被激发了,那个小时候的你跳了出来,唤醒了你内心深处的感受,所以你生气、发飙,控制不住自己。

我看了其中几个案例,感觉好像有点道理。小孩子玩耍的时候大声尖叫,虽然他们很开心,大人却心烦意乱,感到非常讨厌,想要发火,为啥呢?因为这个大人小时候这么乱叫被骂了。

十几个月的宝宝乱扔东西,爸爸一肚子火,为啥呢?因为他小时候乱扔东西,被自己爸爸用刀柄敲手指头,还被要求离开房间。

我赶紧拿来在自己身上用一下,仔细回想最近艾文让我发火的瞬间。最近一次是看到他指甲每条缝里全都是黑黑的泥,我看一眼就尖叫起来:"你到底去干吗了?还不赶紧去给我洗干净!"

为啥发火呢?我深深拷问着自己,好像是因为小时候每次弄得邋里邋遢时,总会被人嘲笑:脑海里清清楚楚蹦出好几个大人,一边说着我怎么这么脏,一边脸上露出嘲弄的表情。或许是我在为小时候的自己发火吧。

我觉得挺有道理,立刻把育儿书上的内容分享给了小陈:

第二回合 要不要请帮手？这是个问题

"喂，你是不是小时候打翻牛奶会被暴揍一顿？"

小陈丝毫不上当，斩钉截铁地说没有，他小时候就没喝过牛奶。他说："写这本育儿书的人自己有孩子吗？"

"有啊。"

"那他为什么不知道，我在牛奶洒掉的前九十九次都没发火，累积到第一百次才开始发火的？"

嗯？我有点蒙，使劲翻了翻书，书里好像的确没提到，小孩子屡教不改该怎么办。

"不过嘛，你不用管这个，书上意思是说，你得站在孩子的立场感受一下，知道吗？感受。"

第二天放学，我儿子回来了，小陈告诉我，儿子今天又忘记了带水瓶。

我问艾文："那你今天喝水了吗？"

"没有。"艾文很痛快地回答我。

"你……你知不知道不喝水你容易流鼻血，还容易拉不出大便。植物不喝水会死掉，你不喝水会怎么样？！"我开始发火了。

小陈在旁边劝："感受，你说了，要感受。"

对，要感受，我心平气和地问艾文："不喝水有这么多坏处，你说说，如果你是爸爸，有一个不喝水的小孩，你会怎么办呢?"

艾文笑眯眯地回答:"每天提醒他一百遍。"

我去旁边倒了一杯水,放到儿子面前,说:"请喝水。"五分钟过去了,儿子忙着鼓捣手里的东西,一口水都没喝。

我和蔼地问:"你怎么不喝水呢?"他仰起头,亮晶晶的眼神释放出邪恶的微笑:"因为你没有说一百遍哪。"

我顿时了解到了小陈日常育儿过程中的艰辛。你看到一个大人在骂小孩,一定会站在弱者一边,心想这家长真不怎么样,只有无能的人才会愤怒:"你难道没有做过小孩吗?你不能站在孩子的一边想问题吗?"育儿书说得是挺有道理,站在孩子的立场想想问题吧。可是,孩子就是想气死大人,怎么办?

这天晚上,我儿子打碎了一个盆栽的玻璃罩,弄得满地都是碎玻璃碴。这种情况下你压根没法叫他打扫干净,忍不住就想生气,这是多大的工作量!

小陈现在懂得了打蛇打七寸,抱着妹妹在后边添油加醋:"别忘了感受。"不要发火,要感受。不,我不是因为小时候的自己生气,我是因为扫玻璃碴扫半天腰很累而生气。

不过,育儿书还说了,要坚持自己的边界。我跟小陈分享:"你可以不发火,毕竟发火对你身体也不好,但是要坚持惩罚他,让他明白世上没有后悔药。"

第二回合 要不要请帮手？这是个问题

第二天小陈接儿子回来，他们原本每天放学后都会去球场练一小时球，这天回来很早。小陈一进门就跟我说："知道吗？今天艾文打球不认真，我就不让他练了，你说过我要坚持边界。"

"你发火了吗？"

"没有，不过你儿子在球场跪下来求我。"

"啥？"

"真的，他跪下来求我，说他会好好打。我没有让步，我要让他知道点厉害。"

"噢，那后来呢？"

"上车就好了，跟原来一样，笑得很开心。我想跟他讲讲道理，他还试图岔开话题。"

……

我有一种强烈的感觉，育儿书可能探讨的还是每天花一小时育儿的情况。就跟我一样，每天只跟儿子相处最多一两个小时，我觉得育儿书说什么都对。但对于长期跟小孩相处的家长来说，育儿书只是一些最表面的情况。谁不知道心疼小孩？谁不知道感受感受？

但你知道现在的小孩进化成什么样了吗？

一个朋友告诉我，她经常忍不住暴揍女儿一顿，之后愧疚不已，事后去问上小学的女儿："你会不会有心理创伤？"女儿说："不会，我知道你也是一时冲动。"这小女孩在学校因为乱做作业，被数学老师狠狠批一通，回来跟老妈抱怨，老师太凶了。朋友说："那怎么办，难道你要投诉他？"小女孩深明大义地说："算了，老师也不容易，投诉了没工作，以后吃饭怎么办？"

我还有一个朋友，因为长久以来对亲子关系感到疲惫不堪，主动去报名儿童心理学课程，里面讲了一大堆，说这是因为孩子在婴儿时期没得到满足。朋友义愤填膺："都是瞎讲，我对大儿子比谁都上心，兢兢业业照书养，什么都满足，你看看就他会气我。可是老二照猪养，什么问题都没有。"

我的感觉越发强烈——或许我们这一代主管育儿的家长，需要的不是育儿书，而是自我疗愈。

感受完儿子的难带后，今天早上听到小陈骂小孩的声音，我不再为儿子感到心痛，反倒觉得，家长真不容易，太不容易了。每天一起床就要这么费劲，人生真的好难啊。

第二回合　要不要请帮手？这是个问题

二胎，改变了我狭隘的育儿观

如果你只有一个小孩，你对婴儿的认识难免会有点浅薄，起码我以前是这样。

前两天中午，我和小陈推着婴儿车在小区里散步，两个多月的女儿不吵不闹地躺在婴儿车里。她最近刚刚学会吃手，正在一个人津津有味地吃着手，有时朝我们看看，露出小婴儿特有的纯粹的笑容。她坐在平稳推着的小车里，太阳又暖乎乎的，自然而然地笑了。

这让我觉得不可思议，转头对小陈说："你知道吗？我以前觉得电视里那些不哭不闹光会笑的小婴儿，都是骗人的，都是导演为了省事，安排一个根本不存在的婴儿在里面，免得他狂哭一通，让主角没办法开展剧情。"

普通小孩应该像我儿子那样，从出生开始就没完没了地哭。白天哭，晚上哭，你去洗手间刚坐在马桶上，他一秒都不给你，扯着喉咙就开始哭，好像在大吼：你给我出来，你有资格拉屎吗？

你好不容易劝好了他，喂饱了，换好尿布，小心翼翼地放在床上，轻手轻脚拿起筷子准备扒拉几口饭，他又开始吼起来，哇哇大哭。他不高兴了，不舒服了，不满意了，总之他不想让你吃也不想让你拉，你唯一能做的事情，就是把他抱在手上，让他感到百分之百的安全。

"嘿，你看，我真的不会扔掉你，而且法律规定亲生父母是不能遗弃小孩的。再说只放下你五分钟，我办完事就会来抱你呀。"这样的心声，我大概对儿子念过千万遍。

他不同意，他总是哭，没有理由地哭。家里要是有人胆敢打个喷嚏，他哪怕睡得再沉，都能一下惊醒。我儿子的血液里可能潜藏着大逃亡基因，只要一点风吹草动，立刻草木皆兵。

第一次当妈，老天就要给我安排个这么高难度的娃吗？

后来我在育儿书上看到，这种婴儿名叫高需求婴儿，非常敏感。有的像豌豆公主，尿布一点点湿立刻开始哭，衣服料子稍微有点粗糙，也会哭。有的一闻到奇怪的气味，就会烦躁不安。比如你换了种润肤露，味道稍微有一点点大，他也会号起来。有种宝宝，连玩具太多都会烦恼，育儿书上称他们拥有"具有挑战性"的脾气。

我以为小孩都是这样的，就算没有这么具有挑战性，大哭大闹总是避免不了的吧。所以第二次，一切都按最高规格来：月子中心，完全可以住，一群人服侍一个小孩，怕也不算多；月嫂，必须得有，小孩子闹起来，好歹有个能抱住的人，让我放心腾出点吃喝拉撒的时间。

这次我要活命啊！没有自由的时候，钱再多有什么用？

别人轻飘飘地说："我真搞不懂，月子里的小孩那么好带，干吗要请月嫂？花钱住什么月子中心？好浪费。"这些人没有经历过凌晨一点抱着小孩一路抱到三点、四点甚至五点，直到五点家里有人醒了才可以交班。

这个小孩，真的很像松手就会炸的地雷，一定要托着才可以。小心翼翼地、废寝忘食地、不舍昼夜地照顾他，他才能对你稍微放下一点点心，但还是非常警觉。一岁多，出门想散个步，犯人也能出去放个风吧？刚出门走了五分钟，我妈打电话来，电话里传来疾风骤雨般的哭声。还出去啥啊？赶紧八百米考试一样跑回去吧。

轮到妹妹,她是安静的妹妹,笑眯眯的妹妹,没啥动静的妹妹。我躺在月子中心,经常跟月嫂说:"她怎么还不醒?搞得我俩都这么无所事事。"月嫂坐在沙发上,说:"唉,就是,这小孩脾气太好啦。"

妹妹从来不会忘情地大哭大闹。她有时候会哭两声,通常是在说,"啊,我饿了"或者"啊,我想睡了"。这是一种非常明确的信号,你喂一喂,她吃就是饿,不吃就是想睡。这道题目好简单啊,简单得我有点惶恐:不会是在做梦吧?

每当我在卫生间里看书、在小区散步、在餐桌上一边吃早饭一边发微博,过着这种跟常人无异的生活,经常有那么一瞬间我的灵魂会震一下:啊呀,我是刚生了孩子吧?

你懂这种感觉吗?就像一个大赦出狱的重刑犯,走到街上跟个普通人似的一边晒太阳一边喝咖啡,啜饮第一口时,忽然内心的恐惧又被引发了:不会吧,这不会是玩我的吧?这一定是假象。街角应该马上会蹿出来一个便衣警察,偷偷跑上来搭住我肩膀:"嘿,你还真跑出来了?"真实的婴儿是不会让爹妈日子这么好过的。

这就是我通过上一次育儿积累起来的刻板印象。

妹妹倒也不是传说中的天使宝宝,天使宝宝自己就能睡着,放在床上可以自己玩一下午。妹妹睡觉还是需要人哄哄,

第二回合 要不要请帮手？这是个问题

她有时闹觉，会忽然哭几声。

也就仅仅几声而已，以至于每次听到妹妹的哭声，我们全家人喜气洋洋奔走相告："妹妹哭了，她终于哭啦，是很标准的婴儿哭声呢，她都好几天没哭了。"如果有一两次稍微哭得厉害了点，没有一个人慌慌张张，反而会很镇定地说："哇，她生下来到现在没这么哭过呢。"那种号啕大哭的场景，似乎有过那么一两次吧，不严重，完全没到拉警报的程度。

这一次闲散到什么样？产后两个月，我最大的烦恼竟然是，怎么还没瘦？我不担心婴儿，只担心自己会不会胖成一头猪，这日子实在有点安逸。上一次哪里会轮到关心体重，每天都在崩溃的边缘徘徊，情绪时而恶劣，时而萎靡不振，时而愁苦不堪。

而我女儿，经常任由我睡两小时的午觉，出门闲逛一个多小时。月嫂总是说："没事的，你去吧。"真的没事。有一次她饿了，听说哭得挺厉害，但哭了一会后，自己睡着了，仿佛知道妈妈没办法很快回来，还是不要浪费力气了，先眯会儿吧。

女儿怎么会这么信任我？

两个小孩完全不一样的状态，令我相当困惑：咦，上一次是我给艾文的安全感不够吗？不会啊，上一次我可比这次负责多了，全程母乳，全程亲带，二十四小时关注。是我太紧张了吗?还是因为这次请了月嫂,她经验比较丰富,知道怎么照顾小婴儿?

月子中心隔壁房间的婴儿一直哭个不停,她家月嫂总是推着婴儿车半夜在走廊上走来走去。有什么办法?小孩不肯睡,在房间里又一直哭,只能出来转转。那月嫂有一天饿了一上午没吃上饭,在茶水间说:"干了九年月嫂,第一次下午两点才吃上第一顿饭。"

高需求的小孩,应该是天生的吧?

你可能会说:嘿,别高兴得太早,妹妹只是还没有开始发威,等月嫂走了,有你抱头痛哭的日子。

放心,我一刻都没放松过警惕。经历过七年前的一场恶仗,我应该已经得了创伤后应激障碍,也就是俗称的PTSD。妹妹再乖,我也绝不会离开她两小时以上,我时刻准备着奉献出我的日日夜夜。

不过她到目前为止,真是个乖小孩。产后两个多月,硬是没有让我瘦掉一斤体重。她跟哥哥长得一模一样,却有完全不一样的脾气和想法,人类还真是奇妙啊。

你说刺激不刺激?你会抽到什么样的小孩,完完全全是天意。摸奖摸出来的一刹那,会决定将来几年的命运。这跟你是否接受过教育、是否温柔细心、是否认真努力,完全没有一毛钱的关系。冥冥之中，我认为，这只是人类这个物种用来调节幼崽繁殖数量的一种手段，生到高需求小孩的人，自然会遏制一下繁殖冲动。

第一胎就摸到天使宝宝的大人，迫不及待开始了二胎计划，然后被一个高需求婴儿吓破了胆，再也不敢想养小孩了。一定是这样的。

我一个老同志，还是犯了原则上的错误

当一个中年人不再谦卑的时候，意味着他马上就要翻船了。这个法则适用于中年油腻男，天天掏心窝子告诉别人怎么去油腻那种；也适用于兢兢业业、埋头生儿育女、对世事不闻不问的育龄女性。

我女儿快要三个月了，这三个月里我们虽然遭遇了一些困难，但跟我上一次育儿相比，这次总体来说像是高射炮打蚊子，什么问题都显得只有一点点大，很好搞定。我怀着心满意足的心情，写了一篇《二胎，改变了我狭隘的育儿观》。根据上一次的经验，最难就是前三个月，现在我连最困难的时候都跨过去了，算是可以放松一下了吧？

第二回合　要不要请帮手？这是个问题

在育儿方面，本人可是一个老同志了。

对不起，我每次想到艾文出生的那几年，情不自禁地心潮澎湃、满怀激荡，好像一个在回忆战争岁月的老兵。我可不是随随便便喂了两天奶就号称自己是吃过苦的妈妈，我是真真正正体会过艰难岁月的老同志——在夜奶、抱睡、乳腺炎上摸爬滚打过无数次，奋战过无数个日日夜夜，吞下过无数眼泪和血水。

也算熬出头了吧？

这天，艾文收到了一个同学的生日会邀请。说实话，有日子没参加这种社交活动了。通常在小孩生日会上，你会听到海量的八卦，还可以看看妈妈们的装扮，推测一下家长们的保养水平，通过最庸俗的方式来激发一下自己的进取心。

我没去的日子，小陈经常带小孩去参加这类活动，他会回来告诉我，某某爸爸喝多了，下午就睡着了，或者某个小女孩真的好能吃啊，吃得比谁都多……"还有呢？"我那副跟他打探八卦的嘴脸，就像出不了门的小脚老太太跟卖药郎中拼命套近乎一般。

生日会在一个酒店举办，而我恰巧手里有可以用的房券，一下解决了母乳妈妈的困境。带着月嫂阿姨去开个房就好啦，把阿姨和妹妹留在房间，我就可以趁机溜出门社交；妹妹想吃奶，我再溜回来。小陈也觉得这个主意很好，因为房券还有十天就过期，不用白不用。

终于可以出门了，不是火烧屁股般出去办个事又打仗一样赶回去，是真正意义上的出门。刚生完二胎两个多月，竟然就能出门了。回想当年，两个多月，那是正水深火热的时候，没有睡眠，没有娱乐，没有尽头的育儿生活啊。现在可以跑去酒店吃吃下午茶，看大孩子们像野兽一样跑来跑去。这种心情相当于你本来做好了服刑至少两年的准备，结果牢头说：这三个月你表现不错，先放你出去吧。

扑哧，做梦都想笑出来。

妹妹上车后一路都乖乖的，到了酒店房间东张西望。我亮了亮她的口粮，她没有张嘴吃的意思。太好了，那么我先出去。月嫂点点头："我们就在房间里等你。"

一路小跑赶去社交。一位妈妈说："好久不见你了。"我有点诧异："你不知道吗？我刚生了个小孩。"这位妈妈很震惊，我刚起了个头，从年初发现怀孕说起，月嫂电话来了："快过来吧，她哭得厉害。"这才五分钟不到，我立刻站起来说："对不起，先去喂个奶，回来跟你讲。"

急匆匆回房间喂完奶，想想不如把妹妹推出去亮个相。

胖乎乎的妹妹果然得到了在场妈妈们的交口称赞，这时我风光得好像英国王妃，刚生完小孩已经和公众见面，虚荣心得到了极大的满足。

五分钟后亮相完毕,让小陈推宝宝回去,我留下来继续社交。如饥似渴般知道了某某因为疫情没能去成新西兰,某某因为疫情没能从美国回来,某某可能要转学去市区……有个同学的妈妈刚坐下来五分钟,告诉我她的公司上市了,我还没来得及仰慕(以及内心失落),月嫂又来电话了。

整个下午茶和晚餐时间,我在餐厅和酒店间来回穿梭,直到再也不好意思出现。回来后发现,从来不怎么哭闹的妹妹,正在房间里哇哇大哭。月嫂说她睁开眼睛看了看天花板,立刻大哭大闹起来,小孩认生。

我犹豫了半天,到底回家还是留下来住一晚,直到妹妹放弃挣扎。在我准备打包行李那一刻,她在床上睡得两手摊开,相当安稳。本来两三点要喂一次夜奶的她,这回从晚上十点一直睡到了早上五点半还没醒,看来偶尔带出来一回也不错。

早上喂完奶,我还沉浸在战胜了出门恐惧的喜悦之中,想着要不要多来几次酒店之夜,没想到右侧乳房靠近腋窝的地方,开始隐隐作痛。这种痛没半天工夫就发展到了一抬胳膊就痛的程度,我心想,或许是没有及时排空乳房,有点积奶,过一天就好了。结果到了晚上,身体开始发冷,关节酸痛,体温越烧越高。宿敌乳腺炎在天花板上朝我露出狰狞大笑:"孽障,看你往哪里逃？"

该死的酒店好像一键打开了妹妹的狂哭按钮，这一天又恰逢月嫂休假，于是我和妹妹开始了双人对峙。她哭，我喂，这是乳腺炎最好的治疗方式。可惜吃多了她就会吐，吐得天女散花，搞得我无从招架。小陈和艾文好像已经从我世界里消失。

一晚上折腾好几次，梦回七年前被婴儿折腾得死去活来的时光。一边是疼痛红肿的乳房，一边是动不动哇哇大哭的女儿，再加上身边躺着的刚做完右手拆钢板手术，连婴儿都抱不动的男人，以及另一个房间里时不时传出几声夜咳的儿子。

七年过去了，老同志掉在同一个坑里，一个暗无天日的坑。虽然我也明白，过几天会好的。

乳腺炎会好，它只是容易反复，只要你一不留神，它就露出魔鬼的微笑，给你一阵突袭。小孩哭闹也会好的，她只是还会遇到很多新的问题、新的挫折，她不会像大人一样懂得隐藏悲伤，只想哇哇大哭，哭到她满意为止。

我只是不明白，为什么上天要再折磨我一次，还是用这种放在油锅里通体炸一遍的方式？

我一个老同志，这回又彻底栽了，只因为犯了一个原则上的错误——骄傲自满，膨胀过度——喂过两年奶，养过一个小孩,以为自己成了什么了不得的老手。现在,我正捧着另一只肿胀疼痛的乳房,等着通乳师前来救援。

养小孩的路上,原来真的不能膨胀。绝不能笑眯眯地说:"我看妹妹挺好养的。"说不定没多久,从天堂掉落地狱的糟糕体验就会扑面而来,你会觉得什么事都做不好,生活没有一样称心如意。

只能时刻保持谦卑。这或许解释了为什么市面上有那么多鼓励产后妈妈们不要做黄脸婆的鸡汤,但我们依然蓬头垢面的原因。

依然还在"战时",谁有空支起自信充盈的笑容?风光无限的喂奶妈妈,只是一个虚假的传说。

阿姨来了，职场妈妈的命才算真的保住了

在没有真正雇佣一名阿姨前，我对阿姨的所有看法都是片面的。我本能上无法接受一个陌生人进入私人领域，而且劳动人民出身，总想着有什么事不能自己做呢？又不是唐顿庄园里的大小姐，早上起床还要靠女佣拉开窗帘。

你觉得各种没必要，直到你在生产的时候，决定要拥有一个阿姨。不是自己不能照顾，只是想轻松一点。等真的拥有了一个阿姨后，才发现：哇，原来可以这么轻松啊。

我在月子中心时，有次去茶水间闲晃，发现消毒柜上用中英文标示着阿姨专用，英语里的阿姨不是"nanny"，也不是"maid"，是简单有力三个字母"AYI"，全部用了大写。哇，

一下肃然起敬，看来阿姨是具有中国特色的阿姨。

是的，外国人不请月嫂也没有育儿嫂，常年留学在外的中国人通常都会告诉我："你看，我一个人带两个小孩，我和我老公两个人带三个小孩……"一开始这让我有点羞愧，家里有个全职丈夫还要请阿姨，显得我们一家人好像都有点像废物。看看人家，自给自足不是也挺好吗？

后来想了想，美剧里总有中年母亲服用各种安定剂、镇定剂的画面，导演只要想让你知道看似幸福美好的生活背后有个深不见底的峡谷，这画面就猝不及防安插进来了。女主偷偷躲进卫生间，打开盥洗台镜柜，迅速服下两粒小药丸。

何必呢？来中国的外国人，开开心心用上了AYI。

阿姨，她们是中国最勤劳的一群劳动妇女，几乎像勤劳的工蜂一样，终日转来转去忙个不停。我的阿姨是徐州人，她常跟我讲，当年刚生完两个小孩就要弄家里的棉花地，拾棉花可累可累了。有一年，她跟着亲戚去了新疆拾棉花，那里真好，天空真蓝、真广阔，只要肯干就能赚钱。

但是丈夫不愿意，阿姨们都有一个不愿意走出老家的丈夫。在这个工种里，只有钟点工阿姨会配有一个在城市打工的男人。这些劳动妇女迅速从乡下走出来，又迅速用自己的勤劳在城市敲开了一扇门。

我常觉得，我的阿姨是家里最会过日子的人。她干什么事都不慌不忙，小孩尿了哭了拉了，阿姨就笑哈哈带着去换尿布，去窗户前面转转。绝不会像我，猴急一样抱着小孩，像抱着个手榴弹，不知道扔哪里去；也不会像我妈，只要闻到小孩拉了，脱口而出一句："臭妹妹，就你会拉。"

阿姨在的时候，我有空去做产后康复，去健身房游个泳，在家看完一季美剧，睡眠时间跟生小孩前差不多。我当时感慨，年纪大了生小孩果然不一样，我变得多么沉稳啊，跟七年前判若两人。

后来阿姨走了——请了三个月，再请下去显得太奢侈浪费了。我以为最艰难的时候已经过去了，未来一家四口完全可以顺利上轨。第一天阿姨走了，白天妹妹没什么问题，她跟以前一样爱笑，一样乖巧。到晚上，问题慢慢隐现。

妹妹不想睡觉，三个月的小孩还有惊跳反射，刚睡着动一动，又睁开眼睛看着你。忽然你就发现，自己被绑住了，又开始像坐牢一样，什么都干不了。看书，不行；看剧，不行；看手机，刚人脸识别打开屏幕，孩子跟跳到岸上的大鲤鱼一样，扭来扭去。连休闲活动都不行，更不要提正常工作了。

帮手是有的。爸爸负责晚上换尿布，那几天表现尚可，除了偶尔几次他躺在床上说"这回你换一下行不行"，其余还算表现积极,夜里三点能抱着小孩走来走去哄睡。一天凌晨五点,爸爸接过妹妹,打开尿布瞬间清醒,在卫生间朝我喊:"她怎么整个人像躺在屎里一样?"

因为小陈是个新手,我出于母性的本能,时不时要跟过去看看,内心感叹着:初学者跟熟练工到底天差地别,看小陈给女儿换尿布的姿势,我以为最多只能达到初级育儿嫂水平,是那种你试用过一次就想退货的阿姨。

当然,要给他成长的时间,但家里还有一个小孩需要小陈接送上下学,去兴趣班,参加各种活动。工作性质决定小陈只能上夜班。

我妈在月嫂走之前,认认真真跟着阿姨学了一星期的洗澡、抚触、按摩,之后从板凳队员顺利跳到首发阵容。技术是差不多学到手了,就是有时候你感觉很不是滋味。

我妈脚步重,上楼像大王巡山一样,这边妹妹刚睡着,听到动静已经醒了八分。她又跟王熙凤一样,人还没到声音先到。全家都轻手轻脚,就听见她一人到处发出放肆的笑声。行吧,其实这也无所谓,小婴儿应该多习惯一下环境噪声。

只是每次妹妹稍微有那么一点大声哭闹,我妈一定抱着过来塞给我:"让她吃两口,吃两口吧。"她也不先关心是不是尿布湿了,是不是穿太热,有没有哪不舒服。"反正我没对宝宝做啥，轮到你伺候她了。"——母乳总归是万能的。她有更重要的事情要做，比如觉得地板太脏，眼里容不下这份脏，一定要立刻抹干净。

最最重要的一点是，我母亲打的这份工是无偿的。你给她钱，她说给钱干吗？于是你欠了她很多的人情。她每天早上七点来，晚上七点走，兢兢业业，没有功劳也有苦劳，你总有一种欠了她的心情，每次想要稍微放松一下，内心的谴责声就浮了上来：你妈妈在给你抱小孩，你好意思看闲书吗？

阿姨走后我才明白，我所有的自由，其实都是向她买的。

在连续四天每日只睡三小时后，我终于扛不住了，向暂时回老家休假的阿姨发出了求助信："阿姨，啥时候回来？再来我家上班吧。"

阿姨来了，带着老家的野菜包子、玉米团子、给妹妹做的手工棉衣、给小陈的一只羊腿。走进来，洗手换衣服，抱过妹妹，忽然家里又平静下来，好像正在沸腾、溢得到处都是的粥锅，一下被熄了火。

我母亲松了一口气，坐在沙发上，荡着双腿给小姐妹打电话："麻将吗？我又有空了。"小陈也松了口气，他不用半夜再抱着妹妹晃来晃去，转天七点还要送儿子上学。我打开电脑，又可以心平气和地工作了，不用再熬到晚上十一点才能彻底安静。

第二回合 要不要请帮手？这是个问题

职场妈妈的宿命，是花钱买时间、买自由。一头被工作驱赶，一头还被小孩驱赶，好比一个凡人同时苦练两种武功，少不得气血攻心、走火入魔。有人说，母亲才是最好的月嫂、育儿嫂。这种人希望女人最好舍身忘己，没有一丁点自我。

现在阿姨正在小床上给宝宝做排气操，我坐在电脑前专心致志做自己的事。每个人都打着自己的一份工，因为自己的这份工，起码报酬是合理的、令人满意的。不然她还在家里种着棉花，我会被逼成一个并不心甘情愿的母亲。我们都从没有酬劳的工作，转向了有酬劳的工作，因为劳动有了价值体现，心里的怨气一下少多了。

有人说自己当老师，还未转正，工资才三千元，育儿嫂即便月薪六千元还是得请。为什么？因为阿姨让她有重新做人的自由。

老大的破坏性威力,终于见识到了

还只有一个孩子的时候,曾经跟朋友一家四口出去玩。他家有两个男孩,创造的各种喧嚣和吵闹,就像一辆装了八个排气管的改装车一样,声音大得一塌糊涂,你一点都不会羡慕,反而发自内心地觉得:作孽,怎么会想不通生两个?

看完那对一个在哭、一个在闹的兄弟后,再转向艾文,我会默默感谢上苍:啊,我的儿子,多么乖巧,多么懂事!他总是安安静静地看着别人发脾气,好像他这辈子从来不知道发脾气是什么一样。

从某种程度上讲,一个乖小孩是我打开二胎阀门的重要因素。他让你一下子迷糊了,好像自己在育儿上还有那么一点点

第二回合 要不要请帮手？这是个问题

成功，再来一个应该不是问题。我妈老爱说那些老掉牙的二胎故事，某某家生了个二胎，大的一直打小的。不会的，我儿子不会。

我曾经深情记录过，二胎孕期时哥哥的各种上佳表现。他在知道消息后给每一个亲戚、朋友、同学报喜，没事跑来摸摸我的肚子，跟妹妹说话，激动地表示妹妹是宇宙最可爱的小孩，他要把所有的好东西都留给她。

每每想到这些，我都想狠狠往地上吐一口唾沫，再骂两个字：渣男！

在妹妹出生后前三个月，他都没表现出什么问题，放学回家，先看海水缸，再看螳螂，有时候逗逗乌龟，至于躺在推车里的妹妹，想起来逗她两下，想不起来就像路过一个大型盆栽。

他对幼小的人类缺乏兴趣，尝试互动一分钟后躺在地板上说："我觉得这样一点也不好玩。"妹妹只会傻笑，的确不如他养的螳螂有意思。螳螂会用自己的大镰刀捕食果蝇，捉到了送到自己嘴边，狼吞虎咽吃掉一个身子，剩下一对翅膀。观察螳螂就像看《异形》电影一样。

指望艾文照顾妹妹，本来就是一个美好虚幻的泡影，谁也没当真。他只要不捣乱，就是最大的功劳。

朋友曾经告诉过我，生二胎后一定要记住，什么东西都要买两份。我心想，神经病，我的二胎是一男一女，还差了七岁，这两人怎么用一样的东西？

报应很快就来了。

家里打算办一场妹妹百日宴，出门时给她穿上了红色连体唐装，我儿子忽然像大梦初醒一般，问："我为什么没有新衣服？"

我惊呆了，过去七年来，每次给他买衣服，他态度无可无不可。衣服寄来后催他试试，心情好的时候他说都行，都可以，心情不好时直接回绝："我不想试，我喜欢旧衣服，别老给我买新的了！"

多么朴素一小孩，没有任何穿衣打扮上的追求，让我一度以为，随便给他穿什么都行，套个垃圾袋应该问题也不大，现在他竟然问我，为什么没有新衣服。

我妈打电话来说："你们怎么还没出门？"

宴席是十一点二十八分开始。十一点，发现车库门被冻住了。十一点五分，一边用热水浇着车库门，一边看艾文开始大发脾气："我也要新衣服！那我不去了！"十一点十分，车库门冻得更严实了，艾文躺在地砖上，妹妹开始哭了。这一刻，我感到急火攻心，命不久矣。

第二回合 要不要请帮手？这是个问题

事后一边吃着酒席，一边思考：为什么没想到要给哥哥也来件红色唐装呢？

除了不讲究形式主义，一定程度上是想破破迷信：谁说双胞就要一视同仁？我偏不。

你看，过来人在别的地方说的话可能都是瞎话，但在养孩子上说的话，每一句都是肺腑之言。别人说要先照顾好大的，我觉得凭什么这么偏心啊，明明小的更需要照顾。

经此一役才发现：小的是很好照顾的，虽然总耗时长，白天黑夜连轴转，但太好满足了，饿了、热了、不舒服了、该换尿布了，这些问题解决好之后，小婴儿只管呵呵傻笑；大的就不行了，我上哪花五分钟时间给他弄一件崭新的红色唐装？

必须满足大的，是因为大的一旦发威，你根本控制不住。

松江人的百日宴，习惯摆两顿。这天傍晚，本来一切都好好的。艾文穿上自己的旧唐装，在家玩得很开心。我看到他把一盆金箔做的小兰花放在地上，说了一句："这是××送妹妹的礼物，你不要动。"艾文一听，又像听了什么噩耗一般，倒在地上开始哭："为什么我没有？为什么送妹妹不送我？"

因为……你不是刚出生？

这时我已经不想打他了，只想给自己来一耳光——你要是不说话，一切都很美好，你干吗非要多说一句呢？的确不能惯他的臭毛病，但不是有一百个亲戚正等着我们一家去吃饭吗？你说你何必非要让全体亲戚观赏这场二胎之争，他们回去后会向每一个熟人说：××家的哥哥真不好弄，妹妹百日宴这天闹的嘞，天都要塌掉！

艾文正企图用这种讨人厌的行为，让每一个人更关注他。至于妹妹，出发去酒席的时候就在婴儿车里睡得好好的，完全不明白自己是今天的主人公。

那天拯救我的，是以前看不起艾文学的葫芦丝。我说："如果你在百日宴上表演葫芦丝，那大家都会记住你了，每一个人都会交口称赞，这个小孩的葫芦丝怎么吹得这么好。"

艾文带上葫芦丝和课本，酒席一开始，迅速就位表演，从《军港之夜》吹到《竹楼情歌》，再从《水调歌头》吹到《铃儿响叮当》……我们吃了两小时，他吹了两小时。我频频鼓励他："吹得太好了！回去给你下一碗面怎么样？"没想到，艺术真的可以拯救人类。

度过艰难的百日宴后，回家才晚上九点，我已经迅速在床上躺平，必须休息一会儿，才能缓口气。关于二胎，我也有了新的肺腑之言，如果非要生，一定要做好被气死的准备；二胎的母亲，据我观察，每个人都像急行军，脸上带着一股死里逃生的苍凉。

第二天在车上,我安抚好大哭五分钟的妹妹,叹了口气跟艾文说:"没生二胎前,以为你和你妹妹都会很乖,没想到生出来后,她也不听话,你也不听话。"

艾文坐在安全座椅上,两手一摊说:"没办法,人就是这样活的。"

我谢谢你啊,儿子唉!

成为一部行走的灾难片

"你恢复得不错啊。"生完后,陆陆续续看到我的亲戚朋友,都会很善良地说上这么一句。

"还行吧,还行。"毕竟我没胖到两百斤,也没有凶险万分的生产过程,生完两礼拜,已经在商场陪我妈买裙子。一度我也天真地以为,这次还行,不坏,没有来场体内大爆炸,到底是第二次,我成熟了,能控制局面了。

现在生完快四个月,上门来看小孩的朋友一旦又说出那句"你恢复得不错啊",我立马就揭起一点上衣,给她看看我荒唐至极的肚脐眼。

二胎怀孕五六个月,肚脐眼被隆起的肚子完全顶了出去。

第二回合 要不要请帮手？这是个问题

生完一百多天，依然没有回来的意思。别人的肚脐眼都是收拢的一个洞，只有我的肚脐眼，是耷拉在肚子上的一小坨肉，让人忍不住浮想联翩：是不是这辈子它都不打算回去了？

朋友也吓了一跳，连说："你这个很像我儿子小时候得的脐疝，不要紧吧？不用去看看吗？"

我大手一挥，这算什么，不痛不痒不影响活动，真正可怕的是肚脐眼下方，当我慢慢呼气从床上起身时，能轻轻松松用三根手指摁出一个大洞。这就是所谓的腹直肌分离三指——怀孕的时候肚子被撑开，生完它也没有回去的意思，你必须自己慢慢锻炼这些肌肉，等着它们回心转意。

在腹直肌没有恢复到一指半前，我被禁止像一个正常人那样起床。因为直接从床上挺身，相当于又给了分离的腹直肌巨大压力，让它们像拱起来的坏拉链一样变得更分开了。问题是，你前三十多年都是那么起床的，现在忽然要跟个百岁老人似的，起床时必须先侧弯，再慢慢撑手坐起来。纠结不纠结？痛苦不痛苦？

我有想过，要不就让它们一辈子分离好了，也没什么不妥。可是如果腹直肌一直不恢复的话，既不能做卷腹，也不能做平板支撑，意味着肚子上永远都是一大团松松垮垮的肉。这直接解答了我母亲的疑惑——为什么产后肚子大？就算减肥，少吃，还是回不去？——因为腹直肌垮了。

其实肚子一大堆肉，也没什么。比起崩溃的盆底肌，腹直肌最多就是影响美观，让所有人觉得你是个不节制的胖子。

产后四十二天，我去医院做了个盆底肌测试，做之前我心态很平和，我是懂盆底肌的人，没少做凯格尔运动，类似提肛运动，开车的时候能做一路呢。

谁能想到呢？测试显示我的盆底肌软弱无力，当机器说着收缩时，浑身都在使劲。得分看起来还行，实际上远远不够。

医生告诉我："你的盆底肌不是松弛，是过于紧张，就像一根皮筋，一直绷紧了没放松过，你不该做凯格尔，这样只会越练越紧，你该从学会放松开始，这是典型的高张。高张会导致排尿困难、排便困难，还有性生活问题，可能会很痛。有些人三样都占全了，有些人只有一样，你呢？"

我目瞪口呆，提了一个至关重要的问题，在盆底肌没恢复前，是不是一直不能跑和跳了？

"是的。"

那到底什么时候能跑和跳？这个问题的答案很玄学，之后我找了个产后康复师，她说："你最好以后都不要剧烈运动了，像跳绳这种，你想想，盆底肌就像一个网兜，跳绳这种运动，对它的冲击力实在太大。"

第二回合 要不要请帮手？这是个问题

噢，相当于说，产后妇女，一辈子都跟剧烈运动告别了。

那我想搞的"铁人三项"怎么办？像冲浪这种极限运动呢？这世界上每个人都在说，年龄不是障碍，想要什么，努力去做。可身体是障碍啊，一个连起床都要分三步走的女人，还怎么冲浪？

我原以为自己是天下唯一困惑的女人，知道这些后简直夜不能寐，天天都在想：怎么办？怎么锻炼腹直肌？怎么放松盆底肌？人生好灰暗啊，谁也没告诉我，生产会带来这么多损害。

直到跟一个生了二胎的朋友聊天。她说生二胎时，大概用力过猛，有点前壁膨出，这成了她挥之不去的人生阴影，到处求医问药，哪怕医生说："你这个很轻微，还好，比你严重的多了去了，你这个不影响生活嘛。"因为医生处理的案例大多是严重到脱出来的组织需要用手按回去，或者引发尿失禁这种级别。

朋友从此踏上盆底肌修复之路，连续不断地做凯格尔运动，去医院花几万块做激光修复。她说她一看到"盆底肌"三个字，身体不由自主冲动起来，要运动，要花钱。

最后怎么样了？

"最后也就这样呗，过了几年，接受了。"

我想到第一胎产后两三年，每次做平板支撑，腹部都有一小坨球形肉直直掉下来，那时不懂这叫腹直肌分离，以为只是自己不自律，胖出来的。

现在懂了，但这次腹直肌已经分离到了新境界，就像七年前身体上演了一出《侏罗纪世界》——不受控制的恐龙在你的身体这座岛上，打架吃人满屋子乱窜——后来终于平息了灾难，小岛好不容易回到快乐平和的状态，这时候《侏罗纪世界2》上演了。你还天真地觉得，没什么事呀，你看我把以前那批恐龙养得多好。

二胎，是一部更惨烈的灾难片，我本人，是一部行走的灾难片。

发现这一点后，我好几天开心不起来。每个人都会说，啊，你真幸福，有儿有女，皆大欢喜。有几个没生过的朋友说，不错不错，我们什么也没干，你女儿都生好了。

我说我发胖了，单身朋友说："我也胖了，我还没生孩子呢。"那时候我还不好意思说：你仅仅是发胖，你还可以像二十岁那样，去跳伞去冲浪去滑雪。可是从此我做这些运动前，都要努力想一想，会尿失禁吗？

没生过小孩，随时可以维持轻盈体态。生过小孩，会时不时像大妈一样两手叉腰。为什么？因为生了孩子不顾形象吗？

不，是因为怀孕造成骨盆前倾。生完忙着抱孩子，骨盆前倾会更厉害，并且导致腰酸。

原来那些叉腰、凸肚子的大妈都是这样练成的。

我这部行走的灾难片，跟《侏罗纪世界》唯一不同之处，就是恐龙毕竟很可怕，而伪装成孩子的怪兽，笑起来很美、很甜。

但是，等女儿长大成人，如果她说不想生小孩，我会百分之百尊重她的决定。如果她鬼迷心窍，打算生两个孩子"玩玩"，我必须翻出今天写的这篇文章，让她仔细阅读：你好好看看，你会遭遇什么。

更难受的地方是，生育竟然只对女人这么残忍，而男人毫发无损。

前几天我把自己身上所有的问题，特别是盆底肌这块的情况，原原本本说给了小陈听，希望他能有所触动。听完后他很害怕地问了我一个问题："我有盆底肌吗？"原本我还觉得男人其实也不容易，至此，我打算收起所有的同情心，好好可怜可怜自己吧。

笑出来的朋友，你的盆底肌，还好吗？

装死,是对付叛逆期儿子的唯一办法?

大概两三个月前,有一天吃晚饭的时候,我看着乖巧懂事的儿子,忽生感慨:"现在你还'妈妈妈妈'地叫,等你到了叛逆期,肯定不想理我了。"

"叛逆期是什么?"艾文啃着一只鸡腿,对这三个字非常好奇。

"叛逆期啊,就是你会觉得爸爸妈妈非常讨厌,看我们做什么都不顺眼,到时候我随便问你什么,你只会说,老太婆,去死吧。不过叛逆期也说明,你更加独立了,有自己的思想了,想离开我们了,也是好事哦。"

第二回合 要不要请帮手？这是个问题

艾文沉默了一会，之后双眼泛着泪花哭喊："我就不能阻止我的叛逆期吗？"当时我很感动，心想以后被骂老太婆也值了，毕竟我们有过迄今为止七年半的美好时光。

然后儿子开始叛逆了，大概就是过了元旦后开始的。

有人说二胎也会加速老大叛逆期的到来，具体是否跟妹妹有关，我不得而知。总之艾文八岁的叛逆期，有一天就像特大风暴一般，排山倒海席卷而来，弄得我措手不及。

一开始他喜欢说"死"，动不动就说"我想死"。元旦那几天正好我婆婆来看妹妹，听到艾文说自己想死，被吓得不轻，连夜跟小陈说："以后对小孩不要这么严格。"又说老家有好几个小孩跳楼了，都是精神压力太大，爸妈逼得太紧云云。

婆婆待了没三天，赶紧撤了。我妈又扑上来，说她听到小孩这么说话，气得一夜难眠。

行吧，你们都逼死我得了。

小陈采取高压措施，规定艾文以后不许说"死"这个字，不然他要取消葫芦丝，取消高尔夫，取消该取消的一切。我知道肯定有人跳出来拍案而起：呸，这种教育方法怎么行！对小孩要春风化雨，要谆谆教诲，要诲人不倦。

我有几次一直想要采取这种策略，跟儿子好好谈谈，化开心结，但是每次我一过去开始聊天，艾文的耳朵像挂在外面阳台上,他好像一个字都没听进去,只会看着我说:"妈妈,我想要一个东西。"这个东西可能是螳螂,也可能是蜥蜴,总之他一看到你摆出一副好好谈的脸色,立刻能摆上一个谈判条件。

这就没意思了,母子一场,混到最后只能变成谈判对手吗?

最新一场冲突是这样的,星期天晚上,父子俩从外面看牙回来,我看到桌上有两片芒果干,非常讨好地说:"儿子,要不要吃芒果干?"小孩本来可吃可不吃,这时候小陈发声:"你不能吃芒果干,你的牙齿刚涂了氟,芒果干太硬,会把氟破坏掉。"瞬间艾文开始非吃不可起来,闹得满地打滚、一片狼藉。

他这到底是图啥呢?我不明白,难道跟我的孕激素、哺乳期激素一样,是体内激素不平衡导致的?

后来小陈安排艾文去扔垃圾,这是他的家务承包项目,也可能是想让他去寒风中冷静一下。当然了,艾文断然拒绝:"我不去!"

"你不去,那我今晚不给你洗衣服。"

"为什么?"

"因为你不帮我倒垃圾。"

……

其实这种时候我挺想说,我去倒也行,反正没啥事,出门走走,比待在这个令人窒息的家好多了。但很多人都告诉我,

_第二回合　要不要请帮手？这是个问题

父母一方教训孩子的时候，另一方一定要闭上嘴巴。

之后艾文终于同意去倒垃圾，在门口他又来了一出："我以后再也不回这个家了！"当时一位朋友正好在我家吃饭，她听到这句话目瞪口呆，问："他是看电视学的这句话吗？"

因为家里没装有线电视，儿子几乎没怎么看过电视，也不怎么玩手机，他一周最多借一次手机，来查查怎么养蜥蜴。这些话是哪里学到的？

答案是这些话压根不用学，小孩天生就懂，说哪些话能气得爸妈七窍流血，能直插心窝，一刀致命。我看过一篇很长的文章，说那些跳楼的小孩，跳楼的目的就是让爸妈悔恨终身，一辈子无法原谅自己。

写下这行字，心里都有一股很原始的疼痛感。看来当爸妈不是在还债，是在还一辈子的孽债。

阿姨目睹了艾文这天晚上是如何在地上翻滚，在我面前大吼大叫"我要打烂这个家，我要打死你们"。她给我们讲了个故事，说她老家庄上有个小孩，就跟艾文差不多大的时候，跟爸妈置气，离家出走了，幸好被救助站收留，救助站打电话让爸爸去接，爸爸还在生气，没去。

"这小孩啊，后来就没回过家，再没认过爹妈。"

"这么小，怎么养活自己？"

"混黑社会去啦,现在也结婚生孩子了,说是前两年回来了,在他爸妈家门口看了一眼,又走了。"

听完这个故事,我有一种强烈的冲动,赶紧出门去找找扔垃圾的艾文。万一他真没打算回来呢?哪吒好像也是差不多这个年纪跟他爸决裂的啊。幸好我刚准备穿鞋的时候,儿子回来了,在门口和小陈又开始为扔一袋垃圾还是两袋垃圾吵架。

回来后,他的叛逆期还远远没个完。此时家里有朋友在吃饭,我为了挽回一点面子,开口跟客人说:"他就是叛逆期了,你们别介意,叛逆期的小孩他控制不住自己。"

艾文听到了,等我上楼后,开始问朋友要一个礼物,朋友说:"等你不发脾气了再给你。"这下他脾气更大了,在楼下声泪俱下地说着:"我现在叛逆期啊,我控制不住我自己。你们怎么这么自私?!"

我挺想抽自己一个嘴巴,提什么叛逆期……这件事情之后,小陈让艾文赶紧去洗澡,不然就取消所有活动,儿子的叛逆画上了一个休止符。

这天晚上,结束了一天疲惫的操劳,我在床上思绪万千,难以忘怀儿子对着我满腔怒火,嚷着他要打死我们的时刻。自然,他不懂这些字眼的后果,但是我懂啊,他这才八岁,等十四岁的时候,该怎么办?

一个十四岁的少年对你怒目而视,那是一种什么滋味?

我不禁跟小陈说:"真有这一天,我打算离家出走,走得远远的,可能到坦桑尼亚或者玻利维亚,一个没有信号的村子里。"

小陈说:"你还回来吗?"

我想了想:"不知道,不过会按月打钱给你们的。"

他说:"哦,那还行。"说完立刻睡着了。

今天早上,就像什么事情都没发生过,我听到了儿子起床刷牙的声音,听到了他出门的声音。他还是跟原来一样,乖巧懂事,没什么异样,甚至还在"爸爸爸爸"地喊着,就像一场暴风雨过后,世界变得出乎意料的清新迷人。

微博上有人告诉我,当小孩进入叛逆期时,家长记住两个字,"装死"。

好像真的是这样,装死吧,就当看不见、听不见,等着他体内的怪兽横冲直撞完,你再假装无事发生过,继续做家人。虽然暗地里还是会琢磨,如果他将来真的去混黑社会,那该怎么办……

或许养小孩就是这样:孩子小的时候,给你心灵上的满足、身体上的折磨;长大后,倒转一下,只负责在心灵上折磨你,无论如何都不会让你岁月静好。

心理扭曲的哺乳妇

小孩一两个月的时候,我助理问了我一个奇怪的问题,她说她在朋友圈看到有人求助:婴儿需要大人抱着走来走去才能吃奶,有什么解决办法吗?

是这样的,未婚未育女性,基本认为生过孩子的女人跟百度差不多,什么都知道。其实我什么都不知道,只是听闻了这件事后,心中窃喜:幸亏没生出这样的祖宗。再看我女儿,躺在怀里吃奶多么乖巧,多么懂事。

过了两个月,小婴儿的自我意识开始萌芽了。每当醒来的时候,她忙着看东看西,忙着吃手,尽可能把一切能摸到的东西往嘴里塞。她不顾一切地探索着这个世界,还学会了吃奶的时候跟我做精神交流,吃两口,朝我笑笑,再吃两口,又朝我笑笑。

第二回合 要不要请帮手？这是个问题

我一边笑一边意识到哺乳事业又碰到了新的危机，她吃奶时需要拉窗帘、关灯、清场，杜绝一切外部干扰。把妹妹往床上一放，当我以为她终于可以安静下来吃奶的时候，她开始拼命做翻身练习。姐们真的忙不过来，要学习的新技能实在太多了——至于吃奶，反正妈妈永远在那里，她肯定会喂的。

是的，我得想方设法让小孩吃奶，不是因为我高尚、无私、热衷伟大奉献，是因为不吃的话我会被乳腺炎整死。

我的底线就是，绝不能抱着她走来走去吃奶，绝不！虽然有那么一两次，发现走动起来的时候，她好像被这种独特的吃法震撼了，因为惊奇万分而变得格外专注。

最新的挑战是，她吃奶的时候开始拳打脚踢，并用嘴拼命拽着奶，好像要到什么地方去。我女儿此时的体重接近16斤，你可以想象一条16斤的草鱼在你怀里翻滚是什么感觉，还可以想象这条鱼叼着你身体的一部分往外窜是什么感觉……

总之，我又得了乳腺炎，大概是传说中不正确的喂奶姿势导致的，也可能是时隔一个月后日子太好过了。那次我又出门吃了顿饭，妹妹在包间里左看右看，头被摁着也不吃奶。漏过一顿，乳房的调节机制还没来得及响应。不吃就立刻不供应是不可能的，它还是会很忠诚地送上原来约定好的口粮。

得了乳腺炎后，我的左胸只要稍微有一点点晃动，就有惊人的疼痛。这种疼痛让人憔悴不安、心神不宁，你也不知道它只是个开始，还是发展得差不多了。乳头上有了一个小白泡，这是元凶。

然而最正确的方法，还是让那条"大草鱼"来吸。不，说错了，是我那个活蹦乱跳、动个不停、力气大得要命的亲生女儿。她一吸，那股钻心的疼痛，让我整个脚背绷直，差点嘴里要塞块毛巾。人体的疼痛机制是很完善的，剧烈的疼痛到来后，你会慢慢变得习惯，觉得疼痛感在减少。

没想到她又一松口，头往后一仰，好像看到了什么好玩的东西，没两秒钟，身体重新翻过来，再次开始吸奶，于是这钻心的疼痛又让我从头到脚汗毛直竖。这样反复来上十几遍，我躺在床上简直像躺在血泊之中。你懂吧？如果有个护士给你打针，每次都是戳着玩玩，还总往同一个伤口戳，你怕是要跳起来炸了医院。

但哺乳妇女能怎么办？

那几天我就感觉到了一阵精神扭曲，觉得人类繁殖机制毫无公平可言。凭什么男的什么都不用经历，就能坐享其成当爸爸？当我好不容易熬过了这些疼痛，内心带着阵阵后怕，下楼喝一杯清凉去火的菊花茶时，看见小陈悠闲地在水龙头那里洗着草莓，又洗了一袋樱桃，然后一边看着足球新闻一边吃水果。

我不能忍受，不能忍受他的幸福、愉快和安详。想拿一根

第二回合 要不要请帮手？这是个问题

针，狠狠在他身上扎几下，这也就是我百分之一的疼痛。小陈没同意，呵呵，这就是男人，嘴巴上说要跟你同甘共苦，真的到了扎几针的时候，就是不愿意。

很多机构都有让爸爸体验分娩阵痛的项目，我对那玩意有点不屑一顾，男的嗷嗷叫几声，就算体验过分娩的痛苦了？怎么着也得让他们见点血吧？或者当场来个开膛破肚——没事，准保缝得好好的，剖宫产妇女不是也都继续活着吗？

那几天我连针都准备好了，医用采血针，方便、卫生、无后患。我经常想象着，把针拿出来快速在小陈身上扎几下，最好能让他叫破喉咙。但在这种心理极度扭曲的关口，我都忍住了没下手。直到有一天，他彻底冲破了我的底线。

那天妹妹烦躁不安，可能是因为白天没怎么好好睡觉。你会经常在网上看到那些吃着饭就睡着的婴儿，这些是神迹，所以被爸妈拍下来了。实际上婴儿没办法自己入睡，需要大人哄睡才行。有时候怎么都哄不睡，因为婴儿非常烦躁，很困却睡不着，这就是传说中的闹觉。

这天，从晚上八点半开始哭闹的妹妹，一路闹到了晚上十点半，终于被我摁着脑袋，在怀里边吃奶边睡着了。这时我甚至觉得，比起这种精神折磨，好像乳腺炎的身体折磨也还可以忍受。

交班给阿姨后，我抱着一副身心双重挫伤的残躯，在餐桌边坐下来，打开了一包小鱼花生。其实是想吃巧克力和奶油蛋糕的，但是因为乳腺炎，只能吃点清淡咸口的。已经这么惨了，小陈在旁边忽然来了一句："你吃得真的好多啊。"接着又补一句："每天都是一盘一盘又一盘的。"

当时我有种万念俱灰的感觉，我不想扎他了，我想把他撕成一万个碎片，然后放到门外让冬天的大风刮走。事到如今，我依然很生气。

如果一只猫刚生了一窝小猫，哪怕五岁的小孩，也会知道不要去招惹刚生仔的母猫。为什么贵为万灵之首的人类，在看到哺乳期妇女时还觉得可以招惹一番？

我在微博上记录了这件事。很多人告诉我，哺乳期时，他们的丈夫、家人都会有意无意地说：你好胖啊；你抱起来跟个熊一样；你现在饭量这么大，真吓人；你真的太壮了……

怎么说呢，这下是不是很多人都理解，为什么生育率节节走低？

看见可爱的女儿，我觉得这么可爱的人类幼崽，大家为什么不多生一些？看到女儿的爹，哺乳期妇女都这样了，他还口出狂言。真的，人类走向灭绝，一点不冤枉。

第三回合

我和哥哥不一样哦

孩子大了就好了，是地球上最大的谎言

通常，如果你在网上提问有关小孩的问题：婴儿湿疹怎么办？小孩要抱着睡怎么办？晚上哭闹怎么办？……在大部分汹涌而至、你也不知道对不对的答案里，一定会有人且不止一个人扔上一句："孩子大了就好了。"

是的，湿疹不会得一辈子，婴儿也不会让你抱一辈子，很多问题的的确确是孩子大了就好了。就连我也对别人说过好几次："大了就好了，真的，大了就好了。"

这回二胎时也是抱着这样的想法，我笑眯眯地开始了第二次为期两年的"有期徒刑"，做好了万全准备，一步一个脚印，熬过了第一个月的新生儿期，第二个月的猛涨期，第三个月的乳腺炎……每隔一段时间我都对自己鼓掌："了不起，真

第三回合 我和哥哥不一样哦

了不起！你看你又坚持一个月了。加油，同志，柳暗花明又一村，还有七八个月的哺乳期，差不多就可以保释了。那时，我和小孩将形成一种较为松散的母子关系，不用像现在这样画地为牢。"

经过上个礼拜的恶战后，我想告诉大家，这些都是骗人的！孩子大了就好了，其实是地球上最大的谎言。

几周前，当我又一次经历过痛苦万分的乳腺炎后，我觉得育儿过程中已经没有什么能比这玩意再大的痛苦了。"大老怪"都出来了，后面差不多可以喘口气了吧？噢，不是这样的，因为妹妹开始有了人生中第一次自我意识的觉醒，她来到了传说中的厌奶期。

以前，她只是吃奶时有那么点不专心，一听到风吹草动就迫不及待地转过头。有时只是走过一个人，或者掉了一个玩具，对她来说就跟好莱坞大片上映一样，非看不可。

真正的厌奶期是，只要她清醒的时候，绝不想吃一口奶。这让我非常震惊：你这小娃娃才四个月，靠母乳养到这么大，竟然有一天说不吃就不吃了。做体检的医生微笑着说："正常的，这个月龄的宝宝开始会玩啦，对外部世界关注起来啦。"

妹妹的脑子完全忘了要吃这件事，全身心投入着东看西看、东摸西摸，宁肯吃手、吃牙胶、吃我的衣服、吃口水巾，都不想吃奶。这把我逼得就像一个苦苦哀求的乙方，做好全部准备逮住了甲方，想让她下单，无奈甲方绝不同意；唯一能够拿下的时候，就是在她迷迷糊糊快睡着的时候。

本来以为事情找到了突破口，睡着的时候能吃也行啊。没想到，她大脑里的自主意识飞速萌芽，决定觉也不睡了——她只想玩。明明困得不行，就是不肯把眼睛闭上。

她才四个月大，没有任何办法给她讲道理：孩子啊，人类是需要休息和睡眠的动物。你睡了，你妈和阿姨也能休息一会，达到家庭的大和谐。

妹妹坚持着自主意识，可以一整个白天不吃不睡。晚上刚往床上一放，她像躺在荆棘丛里一样，哭得喊破喉咙——必须抱起来，必须竖抱，必须到处游荡。

这种持久的车轮战持续两天后，我又一次得了乳腺炎，高烧三十九度，浑身肌肉酸痛。这一回我竟然觉得：这些身体的折磨算得了什么呢？这能比得过小孩带来的心灵折磨吗？

除了妹妹，家里还有个八岁的、正在经历叛逆期的儿子，他的自主意识每次萌芽，都够我们全家人吃一壶。

几乎每天，我儿子都上演着天使和魔鬼的奏鸣曲：上一秒谦逊有礼、乖巧懂事，自己一个人坐着看书，一点声音也没有，安静地做着寒假作业。下一秒不得了，小子忽然就发疯了，一件事稍不顺心,比如跳绳没法连续跳,就大骂绳子是破烂,所有东西都是破烂。谁要开口劝他,他就扬起拳头,好像他真的能揍过谁一样。讨厌得你想把他一脚踢飞,又想想法律不允许你这么做。

怎么办?一边是啊啊啊乱叫、让你抱着到处看的妹妹,一边是使劲踢着凳子发脾气的哥哥,他俩都深受自我意识的困扰,好像小兽一样横冲直撞,非要自己说了算。

妹妹想要一天二十四小时都东张西望,这事原本不难,但我体内的泌乳机制不答应。哥哥想要什么事都自己说了算,其实也不难,但他上书法课、小提琴课、高尔夫球课,都想按照自己的方法来,相当于花的钱全部打水漂,家长还要跟老师赔礼道歉,最后甚至要爸妈也都听他的。

嚣张到什么程度?有一次我搭小陈的车,小陈刚开始训儿子,还坐在安全座椅上的小孩来了句:"你闭嘴。"我在一旁看不过,说怎么能这么说话?儿子毫不客气:"你也闭嘴。"

明白了吗?根本就没有"孩子大了就好了"。人类幼崽的发育过程,对养育者来说基本是一步一个坑,每当你从一个坑里站起来,得意扬扬,觉得日子好过的时候,其实已经掉入了另一个大坑;甚至还没完全从前一个坑爬起来,更深的大坑已经出现。

烦恼覆盖烦恼,魔法打败魔法。这就是黑格尔说的,人类文明是螺旋式上升的……养育小孩的过程,实际上就是起起落落、上上下下的折腾，压根不存在"好了"的时刻。

有意思的是，七八年前我养第一个小孩的时候，曾经专门记录过幼崽的各种动向，记录了自己如何从婴儿四个月开始的厌奶，一路烦恼到了婴儿六个月。添加辅食后，我开始有了新烦恼，他死活都不肯吃一口辅食。

要不是重新翻开这些记录，我竟然完全想不起来，原来当年是这么"坐牢"的。之后还有一系列的磨难：幼儿急疹，皮肤过敏，高烧不退，分离焦虑……

为什么这么久没要二胎？是因为过去的七八年里，记忆常常引发着恐惧。直到有一天，人终于身心放松了，啪嗒，忽然又有了繁殖的欲望：养小孩怕什么？孩子大了就好了。

孩子每大一点，为人父母只会有更新的烦恼。而且最妙的是，不管这个烦恼是什么，身处其中，你都会觉得：天哪，怎么这么痛苦，这么折磨人，这么跟我过不去？因为养的是个人类啊，是一个每一天每一秒都在成长、都在发展壮大自我意识的人类呢！

所谓"孩子大了就好了"，回答者只是在告诉你：这点小事根本不算什么，以后要操心的事情多了去了。

这就是为什么中年人的脸上都是一副死样的原因。这是真正被折磨过的人类。

第三回合　我和哥哥不一样哦

生了个别人家的娃，这是纯属幻觉

"喂，你说，妹妹难哄，到底是因为我们技术不行，还是她本来就难哄？"我和小陈在深夜讨论的这个问题，就像《这个杀手不太冷》里的经典台词："人生是一直辛苦，还是长大了会好起来？"

在阿姨走之前，我一度觉得养婴儿最艰难的时期已经过去了。我的二胎女儿，就像传说中别人家的小孩那样，作息规律，很少闹腾，白天总是笑眯眯的，晚上只吃一次夜奶。在四个月厌奶期的时候我们经历了一些困难，但没几天就克服了。

春节前和阿姨挥手告别，我站在门口，心想往后不会太难，因为小孩的作息已经规律了。

一开始好像的确不难。大年初一的白天，我们还兴致勃勃地带她出了一次门，乖巧的、一声不吭的妹妹，躺在安全摇篮里东张西望，对世界充满天真与好奇。

回来就不行了，打针都只哭两下的妹妹，在大年初一的晚上号哭得极其凶猛。可能是错过了她的睡觉信号，也可能是白天出行对她刺激有点大，更可能她忽然反应过来：阿姨呢？每天哄我睡觉的阿姨为什么不见了？

看得出来，她困极了，但就是不闭上眼睛，只要放在床上就号啕大哭，放到小陈手上也号啕大哭，除了我，只有我这个人形奶瓶，能让她稍稍安静下来。这天晚上的哄睡，经历了数次上下楼、坐瑜伽球、推小车、喂奶，后来我实在支撑不住了，自暴自弃地把小孩放在床上："哭吧，哭吧，我也要哭会儿。"妹妹震惊地哭了两下，随后乖乖吃奶睡着了。

事后我在厨房风卷残云般吃了一大顿夜宵，才算稍稍稳住。刚觉得回了点魂，又听到婴儿的一声啼哭。我飞速跑到卧室，飞速握住她的小手，如此折返跑五六回，不知不觉已经到了深夜。

洗澡的时候，我感觉出现幻觉了，隐隐好像听到小婴儿的哭声。洗完澡关上淋浴喷头，那哭声更加猛烈。出门一看，小陈正对着乱哭乱叫的妹妹不知所措，回头就是一句："她哭那

第三回合 我和哥哥不一样哦

么大声,你没听见吗?"

阿姨在的时候,我可不会被这么问。真的,之前妹妹在夜里从不哭闹,最多换尿布的时候嗷嗷几声,阿姨的手轻轻拍着,她会迅速安定下来。

我们跟阿姨最大的不同,在于哄小孩是阿姨唯一需要做的事,她有百分百的耐心对付婴儿。稍微有点闹,她说正常的;不睡觉,她也说正常的。小孩子嘛,猫一天狗一天,心态好了,什么都无所谓,婴儿会迅速放弃抵抗。

但是亲生爸妈不行,因为生活不是仅仅只有她。小陈要做家务,随时随地喊儿子做寒假作业、练琴、打球、写字、阅读;我要时刻惦记着写什么、怎么写,我还想除了工作和带娃外,能看点买了好久的书、收藏了很久的电影,想出门散步,想找机会锻炼。我虽然百分百在家,但对婴儿最多只有百分之三十的用心。

妹妹大概是在察觉到这一点后开始大声哭闹的,从自然进化角度讲,这是为了提高生存概率,也为了在爸妈心目中占据有利地位。婴儿大声哭闹,就像在大声呼唤爱:爱我呀,关心我呀,我要百分百的爱!

阿姨走后,妹妹这个"别人家的小孩",终于变成了自己家的小孩。每当天色将暗,我和小陈都会带着战士出征的心情,也不知道今晚要经历几个回合,也不知道对手有没有变得更凶猛,只知道必须上场。

你看别人家的小孩,都是"哇,好乖啊,真可爱"。前四个多月的时间,我一直这样观赏着妹妹。自己家的小孩,乖都是暂时的,不乖才是主旋律。快五个月的妹妹,体重接近十八斤,以前阿姨抱在手里没觉得胖,现在抱在自己手上——老天爷啊,我的胳膊。

她不仅胖乎乎,还浑身是劲,看她一把拽住小陈的耳朵,感觉使出了浑身力气,脸色却是一点不变。有时候她一脚踹我肚子上,差点踢出刚吃下去的三明治。她的力气让你觉得,千万不要轻视她,力量估计还没完全爆发出来。

这就是自己家的小孩,当你彻底接手之后,你发现她并不那么百分百可爱。她的可爱里蕴藏着百分百的霸道,她的笑容里透露着为所欲为的雄心——她是不会让你日子好过的。自己带的小孩,根本乖不到哪里去。我妈用一句乡下土话做了极好的总结:"看人挑担不吃力。"

连续四五天,每当黄昏将至,我和小陈都会视死如归一般正面迎战。力大无穷的妹妹要开始闹觉了,躺着不行,趴着不行,抱着坐也不行,必须竖抱着走来走去,不停安抚,再找准机会放小车里哄睡。因为实在太沉,折腾几遍后我会中场休

第三回合 我和哥哥不一样哦

息，换小陈上。

我坐下来时心想：哇，能体会到拳击手打比赛的感觉，一个激烈的回合后，坐在小凳子上，叉着腿弓着背，旁边最好来一个按摩和递水的教练。再坚持一回合！说不定她就倒下了……

小陈因为不是主力队员，每天都在没头没脑地说着信心十足的废话："我现在已经摸清楚她白天的规律，再过几天，只要找到晚上的睡觉规律，我们就胜利了！"他也算试过了哄睡的所有姿势，虽然无一有用，不过有个人在旁边瞎比画，总比孤军奋战好多了。

很多妈妈并不怕孤军奋战，怕的是好不容易熬出头，从来没参与过的老公来一句："带小孩嘛，有什么难的？"

看着小陈抱妹妹上上下下走楼梯，半夜推着婴儿车在厨房用油烟机和炒菜声制造着噪声，我说："现在你知道了吧？养小孩多不容易。"

抱妹妹的时间越多，好像她在我们心中就有了更具体的模样、更鲜明的个性。

原来她只是一个模模糊糊的、好脾气的婴儿，现在她终于靠实力巩固了她在我们心目中的地位。我妈以前每天只来参观一下，洗洗手抱五分钟妹妹后，赶紧溜去打麻将。这几日白天过来帮忙带,看到睡着的妹妹,她悄悄说:"你看看她,像不像鲁智深?"

我还有了个重要发现,但凡告诉你"我家小孩小时候很好带的"这种人,通常都没有真正二十四小时带过宝宝,多半都是外婆或者奶奶一手带大,他只是负责品尝胜利的果实。

一定有人会问我:为什么不继续找个阿姨呢?

不找了。因为在每晚的激烈回合中,我和妹妹忽然有了更深的母女情谊,我不仅仅要喂她奶,还要关心她的冷暖,注意她的尿布,监测她的睡眠,关注她的心情……她成了我的百分百小孩。

在爸妈的怀抱里,她终于开始任性地哭闹了。

_第三回合　我和哥哥不一样哦

科学育儿进我家

育儿界一直有争论，养育婴儿到底用哪种方法好：是亲密育儿法，无条件接纳宝宝的一切，每时每刻第一时间满足宝宝的需要，还是运用科学育儿法，让婴儿跟着时间表来，建立规律作息，好节省大人的时间？与后者类似理念的书有《实用程序育儿法》《法伯睡眠宝典》《婴幼儿睡眠全书》。

艾文出生的时候，我是亲密育儿法的拥趸：只要他想吃，我随时随地抱过来喂他，绝不规定时间；睡觉也是，哭了就抱，一秒钟都不等。小婴儿多么脆弱啊，我必须给出百分百的爱。亲密育儿法的核心理论是：小孩两岁前的任何需求都该无条件满足，因为他的喜怒哀乐是不会骗人的。

任何经历过亲密育儿法的人应该都明白，你要让婴儿随时满足，大人就得像陀螺一样飞转着任凭使唤——喂奶、换尿布、陪玩、伺候睡觉，好不容易坐下来歇会，刚看了眼手机，孩子醒了，驴又得开始拉磨了。

这次轮到妹妹，一开始我也使用了亲密育儿法。阿姨有本宝宝喂养手册，里面记录了妹妹出生第一个月母乳喂得最多的那天，足有十八次。等到阿姨走后，我和小陈在哄娃睡觉上屡战屡败，亲密育儿好像也不管用了。最主要是，三十六岁的妈妈，体力实在跟不上二十八岁的时候。二十八岁哄一个哭闹的孩子虽然也痛苦、疲惫、一塌糊涂，还是比现在强；那时我生完孩子三个月就去跑约二十一公里半程马拉松了，如今妹妹在我手上哭闹半小时，不行，想退赛了。真的，请把体力不支的我拖出去吧。

这一次生完五个月，我每天都在家贴膏药，抹活络油。同时我们观察出来，妹妹好像已经习惯了有规律的生活，那是阿姨在的时候，给她逐步建立起来的作息时间：早上九点洗澡，洗完吃奶睡觉；下午起床玩一会，差不多同一时间，阿姨又抱过来吃奶……现在，她并不会因为我给她喂奶就轻易睡着，好像还在控诉着什么。

小陈在我休息的间隙，竭尽所能尝试了他听说过的所有哄睡办法，深蹲、抱小孩走楼梯、坐瑜伽球、开抽油烟机……这些方法都能起一点点作用，但总好像哪里不对。

有天晚上，小陈非常用功地开倍速在网上看了二十节睡

_第三回合 我和哥哥不一样哦

眠课,深入了解小婴儿的睡眠。他一边看视频一边截了几十张图。我们这才知道,原来四个月大的婴儿,清醒时间是一个半小时到两个半小时。怪不得妹妹会大哭大闹,那时候她一般都已经醒了四小时,已经玩过头了,很困很累,体力不支但是没办法闭眼,只好崩溃大哭。

没有小孩的人都会说:"你就让他哭,哭累了不就睡啦?"不,婴儿只会一路哭下去,哭到好像全世界都抛弃了他。

小陈深入学习了睡眠法的几个步骤:

第一步,观察小孩的睡眠信号。首先看时间,清醒的时间差不多了,看她是不是打哈欠、犯困,开始用头在大人身上蹭来蹭去。

第二步,安抚。准备睡眠仪式,再开始抱着宝宝轻轻晃动,准备安抚物品,接着分散宝宝注意力,放松身心。

第三步,放床上。把小孩放到床上后,尝试让他自己睡,如果成功的话,小孩就会明白,哦,床是用来睡觉的地方,再也不用抱睡、奶睡,一晚上醒无数次了。

从此以后,我家就开启了科学育儿的风格。

首先,牢牢记住时间。妹妹每次醒来,小陈就会对着他的苹果手机来一句:"倒计时两个半小时。"别说,这方法还挺管用,特别适合经常分心的大人随时随地提醒自己:孩子要睡觉，错过清醒时间，她可要发作了。

朋友来家里玩，抱着可爱的妹妹不撒手。我一看时间，天啊，她都醒了两小时二十分钟了，再不哄睡就完蛋了，赶紧从朋友手里抢过妹妹："不能再玩了，她再不睡觉我们谁也别想好过！"朋友莫名其妙地看着妹妹说："看起来不像要睡觉的样子啊，你看她还挺精神呢。"

"不，你不懂！"我抱着妹妹进卧室折腾了一圈，发现她果然不想睡，又抱出来。

怎么办呢？硬哄也不是办法，或许家里来客人了她比较兴奋吧。这时小陈站出来说："不行，三小时了，必须要睡了！"他赶紧把妹妹放到了车上，一般家里哄不睡的时候，我们赶紧开始野外作战计划。小孩毕竟道行还浅，一般开车十分钟会立刻睡着。

朋友大惑不解："人家都说一胎照书养，二胎照猪养，你们二胎怎么养这么精细？"是啊，谁知道呢？为什么我家的二胎不能像猪一样随便养呢？

小陈上了睡眠课后，知道要经常跟婴儿聊天，让她明白我们的做法，于是常常在房间里，开始一边拉遮光窗帘一边抒情地解说："现在是要开始睡觉了哟，拉好窗帘就说明不能再玩啦，要开始睡觉了好不好？"折腾了半天发现妹妹无动于衷，

第三回合　我和哥哥不一样哦

只能又抱出去。

有时候还是睡眠信号比较有用，只要妹妹打一个哈欠，全家人都非常激动，大声喊着："她打哈欠了！有睡眠信号了！"睡眠信号十分珍贵，一旦错过，可能就丧失了最佳时机。

有时候捕捉到妹妹的睡眠信号，顺利把她弄睡后，我经常想：艾文小时候老是哭闹，到底是因为他就是高需求宝宝，还是因为我当年错过了成吨的睡眠信号？可惜往事已经无法回味，痛苦的记忆在脑子里早就格式化了。

自从对妹妹开始用睡眠法后，全家人的日子似乎好过了一些，这让我有了一个疑问：婴儿需要这么规律的作息，那以后我们一家还怎么出门呢？两小时出头，妹妹就该睡了，谁能在两小时以内就回家啊？不在家，怎么弄她的睡眠仪式？怎么安抚她？怎么放床？

小陈逐渐攻克了第二步，但第三步他还没能顺利完成，每次白天把小孩放婴儿床上，小孩都只能睡五分钟。五分钟后小孩吭哧吭哧醒来，当爸爸的百般不情愿，举起手对着手表又喊一句："倒计时两个半小时开始。"

等待下一个睡眠信号，像等待下一个作战信号。科学育儿，有没有大获全胜的一天呢？

我承认这一代家长都有病

最近因为妹妹的睡眠问题，我瞬间苍老十岁。五个月的婴儿学会翻身后，经常睡着睡着一个俯卧撑。有时候安抚不成，又要重新开始一遍睡眠仪式。

太难了，每天后半夜看着她翻来覆去、闭着眼睛吭哧吭哧，第二天早上起来后，我觉得自己好像一个游魂。有人建议说："要不请个睡眠咨询师回家吧？一个星期，让人手把手调整好。"

三千多元，也不贵。

我听了啧啧称奇，七八年前生第一个小孩的时候，遇到所有事情，好像只有一个办法：熬吧，熬着熬着就出头了。

现在什么问题都可以花钱解决。除了睡眠咨询师，我有个大学同学，还请过喂养咨询师。原因是她女儿一直吃饭很少，

第三回合　我和哥哥不一样哦

少到令她担心，吃这么一点点怎么可以精力充沛地跑跑跳跳？吃得少，自然也长得慢，小女孩还喜欢一边吃饭一边讲话。

怎么改？喂养咨询师告诉我同学，小女孩吃饭爱讲话，是因为大人在吃饭的时候给了她很大压力，她想转移这种压力。"你得放下，她才能放下。"同学觉得挺有道理，于是接受了女儿吃饭少这件事。

我想，请睡眠咨询师来家里折腾一通，大概结果也是这样，改进了所有问题后，对方会说："你要接受你的小孩，有些小孩就是这样的。"

我把这两件事，当作奇闻，说给没结婚的朋友听。朋友听完，发表了一句中肯的评论："其实吧，我一直觉得你们这些家长花这些钱做这些事，都是有病，还有给小孩报很多班、逼小孩练琴什么的，也是有病。"

我这个朋友一直在搞有机农业，她认为田里的蔬菜都该用最自然的方式长出来，绝不能加农药、化肥，这些化工产品不仅污染农作物，还污染土壤。"更何况小孩呢？你们这些家长啊，天天地拔苗助长。"

小孩不睡整觉就不睡呗，长大点不就睡了？小孩不吃就不吃呗，饿了总会吃的。还有，自己家小孩什么基因心里没点数吗？祖上三代都没有一个认识五线谱的，练钢琴干吗？

我认为她说的都对，很多事情，看起来的确是有病。就说小孩的身高吧，明知道这个世界上就是高矮胖瘦什么体型的人都有，但几乎所有当家长的，都希望自己小孩高点再高点。

睡眠咨询、喂养咨询背后，其实是家长深深的焦虑，睡不好不长个，吃得少显而易见更不长个。等到小孩上了小学，我朋友圈里一堆家长，都会痴迷于带孩子去测骨龄，思考自己是否要用医学手段干预下小孩的身高，如果及时干预，就能多长好几厘米呢。

有时候你听到这些事情，心中会觉得难过极了——一群这么拼命的家长，养出来一群史上最无可无不可的孩子。

我们到底为什么这么疯？为什么婴儿刚出生就想着要训练他？为什么他稍微胃口不振，就想着这是影响一辈子的大事？

我跟朋友说，因为现在毕竟不是农业社会了。很多妈妈急着给婴儿做睡眠培训，想让几个月的婴儿迅速睡整觉，是因为她等不了，她过完六个月的产假后要急着回去上班，回归职场。谁能半夜起床七八次，一直哄着小朋友睡觉？如果是农业社会，车马慢，书信慢，什么都慢，女人不用上班，还着什么急？

小孩不肯吃饭，大部分是家长催出来的。我认识一个小孩，吃一口饭后，习惯像鸬鹚一样，把那口饭含在嘴里，不管

第三回合 我和哥哥不一样哦

大人怎么催,她都会慢吞吞地含着那口饭,好像是一种微小又正式的抗议。她不喜欢这种安排!但是大人决心坚持到底,少吃一顿饭都不行。

有时候我会劝暴怒的小陈,艾文今天不想上课就不上好了,小陈听完更加暴怒:"开了这个头,以后一直不上怎么办?"必须绷紧这根弦,松掉一下下,就会掉队。

所有家长都有一个原则,要尽人事听天命。不管小孩喜不喜欢、愿不愿意,身为家长,必须做到自己能做的全部。

她想不想当钢琴家、喜不喜欢音乐无所谓,但我要为她创造弹钢琴的条件,带她去上课,听各种音乐会,买一架钢琴,逼着小孩每天叮叮咚咚敲一小时。

好了,这些我都做到了,你就算不喜欢,练不出来,以后绝不能怨我:妈妈,你为什么没让我练琴?

他爱不爱学习、想不想考清华北大无所谓,但我要让他有这种目标,让他具备成为一个成功人士的所有前提条件,我要为他买最好的学区房,给他请最好的家教,为他尽可能多地报点补习班。就算这一切都是白费功夫,儿子长大只是一名普普通通的小职员,那好歹当父母的努力过了。

小孩是碎钞机不假,但小孩自己也并不喜欢成为碎钞机。其实小孩在免费的公园里就玩得很快乐,但家长觉得这种免费的快乐只能偶尔来来，多了会像吃太多糖一样害了小孩。这种现代家长的坚持，有时候看起来很像成年人的健身年卡——花钱了，才踏上了成功的第一步。

我们的育儿决心，主要体现在花钱上。如今早就没有自己随心所欲，让小孩省吃俭用的旧式家长。新式家长是这样的：自己背帆布包、穿"飞跃"，带小孩去补最贵的课。年入上百万元后首先要做的事，不是买豪车、买金表，而是把小孩送进最好的学校。

以前的人活着，要对得起父母；现在的人活着，要对得起孩子。没花钱，觉得小孩有问题自己却不解决，会忐忑；花钱了，听到专家说，小孩就是这样，心里的石头就好像放了下来。

有朋友让小孩练了两年小提琴，小孩说不想再坚持的那一刻，她同意了。这是损失吗？不，这叫努力过，不留任何遗憾。

没结婚的朋友，理解不了这种病。她觉得我们在用无数的时间和金钱来自寻烦恼。有小孩的人，才会在一起，像加入了什么忏悔大会一样，手拉手说着：反正我已经尽心尽力了，我对得起"家长"这个称呼。

第三回合 我和哥哥不一样哦

> 松田道雄时代的婴儿,可真好养啊

五个多月的妹妹,每次看到我吃东西,都会目不转睛地盯着看,并且多次试图伸手拿我手里的水果、零食。按照医生的说法,可以喂辅食了。

但怎么喂呢?我知道一定会有人嘲笑我:都二胎了,怎么还什么都不会?

第一胎,我是照书养的,关键是过了七年,当年怎么喂辅食的,忘得干干净净了。一鳞半爪的记忆里,都是小孩每次吃得一塌糊涂的画面,精心做的菠菜粥、鳕鱼泥,艾文总是正眼都瞧不上,更别说给我个面子吃两口。

都说二胎照猪养,怎么样才能照猪养呢?我又没养过猪。要说随便喂喂,到底怎么个随便法?按照我妈的说法,以前的小孩,过了三朝(天)就能吃饭了,大人嘴巴嚼嚼,抹到小婴儿嘴上去。

天,真是野蛮。

于是我又打开了育儿书,在书架上翻开最显眼的一本《定本·育儿百科》,作者是日本人松田道雄。翻到五至六个月婴儿这一章,边看边觉得大开眼界。这本书写于二十世纪六七十年代,里面的婴儿活得可真够自在的。

五个月大的婴儿,已经可以吃果汁、香蕉、鱼肉、酸乳酪、鸡蛋牛奶……不仅如此,小点心也可以随便吃,小圆饼、蛋糕、威化饼,只要婴儿吃着开心,就可以大胆尝试。

"奶奶带着圆松饼来看宝宝时,应当着奶奶的面给婴儿吃一小块儿,从而给婴儿留下是奶奶给自己带来快乐的美好印象。""父亲在吃晚饭时喂给婴儿一块土豆泥,婴儿吃得非常香,父亲来了兴致,又喂给很多,这种情况非常常见。"

我知道很多人会说,这本育儿百科里面的知识已经太过老旧了,没什么参考的必要。现在连我妈都知道,小婴儿一岁前不能吃糖和盐,因为会破坏他脆弱的味觉。要是哪个父亲敢拿大人的食物喂小孩,恐怕要被当妈的活活打死吧。

但是书里宽松的育儿环境,真是惹人羡慕。松田道雄一再强调,花三四个小时给婴儿准备专用辅食根本没必要,不如用方便食品,反正这种辅食也吃不了多久;花一小时给小孩吃

第三回合　我和哥哥不一样哦

东西也没必要，最要紧的是锻炼，是让婴儿体会到快乐，别的什么事尽请放宽心吧。妈妈完全可以尝试用普通饮食给小孩断奶，繁忙的母亲应该将断奶的工作交给保育员来做，放心将婴儿托付给她们。

看吧，这里面一个字都没提，母乳应该至少喂到一岁云云。

母亲的工作也很重要，就让婴儿在家放心吃小圆饼吧！

在防止事故这一章，他最着重的部分，是说这个时期的婴儿手够到什么东西，都会放嘴巴里，所以茶几上的烟灰缸一定要注意。我的天哪，那时候的父亲竟然还有在室内抽烟的权利，而且松田道雄说，不小心吃下去一根烟头，也不会导致婴儿死亡，但烟中含有的2—5毫克尼古丁会导致婴儿恶心呕吐，必须马上送到医院洗胃。

二十一世纪的男人，要是胆敢在婴儿面前抽一根烟，已经可以被全家人放到道德法庭上定个死罪。本来时代发展了，养小孩应该更轻松才对，但现在人类知道得越多，带小孩就越累。

妹妹长了一点痱子，小陈按照二十年前的育儿常识，买了两瓶痱子粉。我对此嗤之以鼻："你不知道吗？现在育儿界早就不推荐用痱子粉了，粉末有吸入风险。现在推荐的是，及时给小婴儿多擦擦脖子，多晾晾，也就是说，你要什么事情都不做，像月嫂一样，专门盯着小孩，他才会毫无闪失。"

二〇二〇年的婴儿,即使跟二〇一三年的相比,都要难照顾多了。不是因为孩子变了,是大人变了。七年前我记得到处都在说,六个月以前不必喂辅食。七年后,网上好多人说,现在国际上基本四个月就让婴儿开始尝试辅食了,尝得越早,越容易引发小孩对食物的兴趣。五个多月才开始喂辅食的我,又一次生怕错过了妹妹的好胃口。

在二〇二〇年,无论你对一个婴儿做什么,网上都有人告诉你,这样做不对。但在松田道雄的《定本·育儿百科》里,一切都显得那么轻松自然。

书中说,婴儿夜啼,吵得爸爸没办法睡觉,"母亲第2天带着婴儿去医院开药。第2天,母亲向医生说明情况后开了些睡眠的药回来,让婴儿睡觉前服下去。可是,普通的剂量对这样的婴儿是没有效果的"。

我再次摸着胸口感叹道:"以前的爸妈,可真轻松啊!自己睡不好,竟然就可以给小孩喂安眠药。"哪像现在卑微的父母,自己睡不好,要连夜研读婴儿睡眠法,学习并领会精神。连续使用一段时间后,如果婴儿还是睡不好,只会责备自己:蠢蛋,你怎么这么没办法!

松田道雄讲,婴儿夜啼,太常见了。应对的方法一,让婴儿白天多运动,同时控制婴儿白天的睡眠时间;方法二,如果

第三回合 我和哥哥不一样哦

喂母乳可以让小孩安心睡着,为何不多用用?反正婴儿夜啼,早晚会好。

几十年前的这本育儿书,最大的指导方针便是,大人怎么方便省事怎么来。跟着育儿手册上那些花里胡哨的办法制作辅食,一点不实用。"可以将现成的面包稍微烤一下后放入牛奶中煮,做成面包粥喂婴儿。可以试着从晚饭时做的烧南瓜或鸡蛋汤里取出一小部分喂给婴儿……如果婴儿爱吃就接着喂下去,婴儿不喜欢吃也没关系,大人吃掉就是了。"

这样养行吗?

我翻开另一本育儿手册,里面严谨地写着,七个月前,婴儿都只能服用稀滑的食物。而且里面更严肃地写着,一岁以内宝宝不能吃这些食物:坚果、花生、巧克力、牛奶、蛋清、蜂蜜……

松田老师啊,你可能不知道,当人类开始真正细致地把婴儿当成全家最尊贵的主人时,地球上有很多人已经失去了养育的兴趣。

假如松田道雄碰到现在妈妈口中的各种睡渣、饭渣,按照书中的说法,多数是神经质的母亲考虑过多造成的。小孩不爱吃饭,于是挖空心思花两小时给孩子做早餐的妈妈,以及追着小孩多喂一口是一口的家长,全都是神经质。

"实际上,婴儿精神状态良好,每天都高高兴兴地玩耍,就不必太在意他吃米饭的多少。""入睡的难易,是婴儿的天性,靠训练是改变不了的。"

不过正如往事只可追忆,二十一世纪婴儿的妈妈,看完松田道雄的书,依然只能揣起一百二十万分的小心,变成不可避免的神经质妈妈。

用上世纪的办法来育儿,给小婴儿喂鸡蛋和小圆饼?嘿嘿,只要你胆敢露出这样一点心思,准保有无数神经质家长冲上来心疼孩子:哪里来的大傻瓜?会不会养孩子?

第三回合　我和哥哥不一样哦

二胎家庭出行，怎么比唐僧取经还要难？

美好的春日，外面小鸟啾啾叫着，我躺在床上，像瘫痪了一样。累啊，怎么这么累？两条腿酸得不行，每一寸肌肉像被人用小锤子锤过一样，疼得很彻底。可能要高烧了吧？也可能得了什么不治之症？

乱七八糟想了一圈，是了，肯定是因为三天前，终于带两个小孩一起出去玩了一次。妹妹就快满半岁，还没跟一家人一起出去玩过一次，最多带到附近商场匆匆忙忙遛上一圈。想起艾文半岁的时候，已经被我拎上了去泰国的飞机，那时除了小孩，还要一个人拎一只二十六寸的行李箱、一台婴儿推车。

二胎记

我不相信人类能在七年时间退步那么多:不能对自己太仁慈,要勇敢一点!

一家人一起上车,故意选了一个车程一小时以上的商场。太近就没意思了,犹如唐僧取经,如果只从长安跑到洛阳,显得多没挑战。那家商场有我儿子惦记着要买的标本,有我想看的书,负一层还有小陈惦记着要吃的小吃。

上车时,我和小陈坐在前排,儿子和妹妹坐在后排,跟想象中的二胎生活一样,大人在前面,小孩在后面。所有美剧、英剧都是这么拍的,但是任何美剧、英剧都没有拍如下画面:

我们每隔五分钟问一次艾文:"妹妹睡了吗?她在干吗呢?"妹妹的安全摇篮是背对着座位放的,艾文总是汇报:"她在玩哪,她挺好的。"

"你能给她擦下口水吗?能给她拿个玩具吗?能帮她捡一下咬胶吗?"我内心一直克制着:别管太多,坐在前排要有前排的战略眼光。

不可思议的是,去程加上堵车总共一个半小时,妹妹毫无状况,最后她睡着了。车厢恢复到了一家三口时期的状况,猜猜谜语,说说学校的小故事,时间转瞬即逝。

到达目的地,已经是下午一点。小陈说他饿得要命,艾文

第三回合　我和哥哥不一样哦

也说非常饿，我当然也很饿。出发的时候因为要准备太多小孩的东西，把苹果和零食全都忘在了桌子上。

饿啊，然而妹妹也饿了。于是一家人赶紧展开战略部署，小陈带艾文先进商场找吃的，我在车上喂完奶，再找他们会合。

父子俩消失的时候，我想起来了为什么妹妹出生半年，极少带她出门。一出门，她就兴奋得东张西望，明明到了吃奶的时间，她吃几口望一下外面，吃几口再望一下，后来干脆不吃了。就因为她不吃奶，我带着她出门两次，得了两次乳腺炎。

然而此时已经来不及后悔，只能宽慰自己：没事的，放宽心，饿了她总会吃的。

终于抱着妹妹进了商场，找到正在吃越南河粉的父子俩，坐下来我又后悔莫及。出发前问小陈要不要带背带，他说推车就够了，不需要背带。结果妹妹刚被放进小车，脚就拼命蹬起来，我只能一手抱着小孩，一手狼吞虎咽吃点炸虾饼。遥想当年减肥的时候，这种垃圾食品我压根看不上眼，没想到如今虎落平阳，炸虾饼也吃得津津有味。

怀里的婴儿不甘示弱，竭尽所能用她的小胖手扒拉着所有她能够得着的东西，差点打翻一碗牛肉丸。对面艾文的正前方是一碗比脑袋还大的越南粉，他扒拉两口说："我饱了。"小陈一会过来逗逗妹妹，一会又去催店主："丸子好了吗？"

隔壁一家三口，饶有兴致地观赏着我们一家，对比起来，那一桌安静得毫无存在感。我已经顾不上别人的眼神了，虽然好几年前就发誓，要做一个有尊严的妇女，绝不吃小孩的剩饭；但是这时只好拿过儿子吃剩的越南粉，狼吞虎咽、风卷残云。体内的产奶机制告诉我，最好再来一个维他奶。

小孩刚一两个月的时候，我总是想：到六个月的时候就会好很多吧，那时就不用那么小心翼翼了，也不用喂那么多奶了，肯定也挺自由的。现实是，每个阶段都会冒出每个阶段的新困难。

吃完饭开始逛书店，儿子东跑西逛，小陈推着妹妹。我怀着激动的、出来放风的心情，拿起了书店门口村上春树的新书《弃猫》，好多人觉得这书太短了，是那种地铁没到站就能看完的小说。

刚刚读完前几页，儿子和小陈同时出现在我身边："你买完了吗？"妹妹好像想起来她要吃奶了。

我们选的这家商场，有两个育婴室，还配有亲子厕所，可以说是亲子环境一流的商场。我带着妹妹走向育婴室，你猜怎么着？两间统统关着门。虽然国家老说现在出生率实在太低了，可商场的哺乳室总是人满为患。

我耐着性子在门口等了一会儿，想想喂奶起码要十五分

第三回合 我和哥哥不一样哦

钟,十五分钟过去了,竟然还是全满,于是忍不住喊出声:"请问里面有人吗?"

我真不愿意做这样的人,试问哪个妈妈喂奶的时候愿意被催促呢?心里想着,要不就带小孩回车上吃奶吧。正犹豫着,一间哺乳室的门打开了,一个保洁阿姨走出来,朝我看了一眼,转身走了。看来打扰了阿姨的午休,她很不高兴。

在里面喂奶的时候,我想起了为什么以前特别不爱带小孩国内旅游:婴儿车压根没法顺利推行,走着走着就需要搬上搬下;想找个喂奶的地方难于上青天,不是莫名其妙锁了门就是贴上封条说无法使用。明明是快快乐乐出来玩,周围人的眼神好像在说,这么小的孩子带出来遭罪干吗?

喂完奶后给自己加油鼓劲:我太棒了!我真厉害!孩子带出来了,奶也吃上了,她也没有哭。妈呀,我真是世界上最厉害的妈妈!

其实考验只完成了一半,妹妹有她精准的作息规律,每隔两小时必须睡觉。在外面放风两小时后,她困了,在推车里静静睡着了。一家三口又回到了昔日模式,我问小陈:"你没给儿子买东西吧?"他说,已经买好了。父子俩买了五百块的石头,这又让我一阵后悔,如果当时我在现场,那些石头就不会出现在他们的购物袋里。

原本打算在商场吃好晚饭再走,但大家都有点意兴阑珊。我用一个母亲无处不在的责任心,快速给儿子买了条裤子。小陈喝着他这个下午的第三杯果汁,就像当年带着儿子去环球影城,他一下午喝了五罐可乐。

回去路上,我最担心的事情发生了,原本好好睡着的妹妹,在车刚开出停车场时,就开始了哭闹。艾文明显没有任何作用,对付小婴儿束手无策。

以前一直想着,绝不要做后排那两个安全座椅之间的人。那完全就是夹缝中求生存,一个大人坐在那么小的位置里,实在太卑微了。但妹妹越哭越凶,万不得已,我趁停车时从前座翻到后座,充当婴儿的情绪稳定剂。

儿子还在旁边不停喊着:"我们猜谜语呀,再猜谜语呀。"他好像从来不会看看他的亲妈到底深陷在什么样的泥沼里,反正他只要自己快活。

只带一个小的没那么难,她会睡着的;只带一个大的也没那么难,他有听话的时候。带两个,我就像一位抢险队队员,这边堵了,那边漏了,总是忙个不停,根本没有一分钟闲下来的时候。

一阵折腾后,从后备厢翻出中午打包的虾饼和丸子。是的,我又饿了,体内简直就像有一个小型加工厂。在夹缝中坐

第三回合 我和哥哥不一样哦

着,一块接一块吃着垃圾食品,脑海中空白一片,没有任何心情。唉,反正熬过去就好了。

这一天最沉重的打击是晚上顺路去亲戚家吃饭。一群亲戚看着我大叫:"你怎么胖了那么多?"

唐僧一路九九八十一难,怎么到西天取经后还胖了?因为人类太脆弱了吧,脆弱的人类一路经受着磨难,却不像那些妖怪一样无所不能,除了让自己吃饱一点,还有什么幸福可言呢?

"喂,五一到底要不要出门啊?"我问小陈。

"可以呀。"他轻快地回答。

他当然愿意啦,因为那个要跑马拉松的人,是我啊。

儿子的道歉信

儿子最近老是气呼呼的,动不动要发下火,跟去年比起来,真是天差地别。

去年我肚子大起来的时候,有次一家人去商场玩,回来在后台看到有人发消息:"看到你们一家啦,艾文看起来真是个快乐的小男孩,他一定是个好哥哥。"是的,那时候艾文友善又热情,天真又礼貌,温顺得像动物园的大象一样。今年形势一路急转直下,不知怎的,艾文变成了暴怒的版本。

什么都能让他生气:家政阿姨整理了他的床铺,他要生气;外公动了他种的草,他也生气;爸爸让他去上课,他简直要气死。

以前说起学校里的事,都是"我很开心,今天特别高兴,

第三回合 我和哥哥不一样哦

我太喜欢我们学校了"。现在学校里也常常发生不如意的事，比如最喜欢的女同学忽然不跟他玩了，老师不让他去捉虫子了，参加田径班后老是要跑来跑去，累死了。

从好的方面看，艾文正在飞速成长，他开始逐渐意识到，世界上不如意的事情怎么这么多呢？从坏的方面看，我们可真是倒了大霉了。不过我认栽，我以为他忽然性情大变，跟二胎应该还是有脱不开的关系。

晚上给妹妹剪指甲时，艾文说到第二天他要去哪里哪里，问我去不去。我随口一回："去不了啊，妹妹怎么办？"艾文立刻气呼呼地回答："妹妹真讨厌，你和爸爸整天都在弄妹妹。"

是的，艾文的世界是从妹妹诞生后开始变的。

他对妹妹没什么恶意，但把恶意平均洒在我们每一个人身上，好像一只不知道大把力气往哪里使的小兽，在家不停横冲直撞。两个字总结：欠揍。

最典型的一件事，他有一天刚回家，忽然撕心裂肺地大吼："你怎么把我这个东西丢了？！"声音大得地动山摇，异乎寻常。一问，一年前别人送他的一个玩具，他一直没什么兴趣玩，最近翻出来放在院子里，想玩的时候发现我爸把说明书扔了。对着长辈这么无理，小陈当时火冒三丈，问我：

"该不该揍?"

我点头,准揍。

儿子立刻崩溃了,好像他被遗弃了似的,两只手掌交叉握住,做祷告状哀求:"求求你了,不要打我。"知道的是爸爸打儿子,不知道的还以为拐卖儿童遭人贩暴打。

小陈刚刚作势要打,他已经哭得撕心裂肺、上气不接下气,稍微挨到那么一点,他就叫得屋顶都要掀翻。真奇怪,以前的小孩怎么那么扛揍呢?

艾文的高尔夫球教练,说他小时候练球,必须用高尔夫球杆揍,才能好好练。我心想真厉害,这一杆下去,儿子不死,我怕是要直接心梗。他的小提琴老师也说,以前练琴,哪有不挨揍的?

但是小陈揍到儿子那么一下下,我脑海中还是觉得冲击力太大了,真想明天就去民政局离婚。

这届孩子不能揍,主要是因为妈妈们心理课上太多了。朋友告诉我,她儿子在家也跟外婆大呼小叫。我说:"是不是因为你经常凶你妈?"朋友连连点头:"好像是的,我经常凶我妈。"

小孩一出点什么问题,我们总是拼命在自己身上找原因,旁观者多半也会告诉你:孩子没问题,有问题的都是大人。孩

第三回合 我和哥哥不一样哦

子能有什么问题？他不就是每天脏兮兮，不听话，无数次地挑战你的底线。

我在浴室见过这么一幕：

艾文身手相当灵活，泡完澡一下跳到浴缸边上跑来跑去拿东西。小陈立刻警告他："水很滑，浴室千万不能跑来跑去，不小心摔倒你就死了，你知道吗？"

艾文依然蹿上蹿下，问他："是吗？真的有人这样死吗？"

小陈："是的，世界上每一秒都有人在浴室摔死。"

艾文："那你给我看看他们怎么死的。"

……

有人说女孩最喜欢听到父母的称赞和表扬，男孩则热衷于挑战权威。

妹妹虽然才六个月大，我已经观察出来，她是个乖巧的小孩，每一次哭都能溯源，肯定是拉了或者漏尿了，找出原因，解决问题，立刻能行之有效地止哭。艾文小时候可没那么顺利过，你完全不知道他哭的点到底在哪里，就像你现在不知道，他火冒三丈的点在哪里。

不可思议的是，每次艾文惊天地泣鬼神地在家闹了一番，吓得我以为他可能要落下心理阴影或者有什么童年阴影时，没几分钟，家里就像暴风雨过后，又恢复了往日的宁静。艾文忽然变好了，他又是原来那个懂礼貌讲道理、天真友善热情的小孩了。他不需要三催四请，也不需要威逼利诱，立刻就自己洗好澡，坐在沙发上，安静地看起了书。

跟之前判若两人，一个是茅坑里的石头，又臭又硬，一个是"别人家的孩子"，斯文有礼。每每如此，我便经常劝小陈："你不该对他那么暴躁，好好安慰他吧，他毕竟还小。"小陈点点头，说他尽量不发火。

双方达成共识后，儿子把我打了。

艾文有事没事经常来我的书房转转，翻翻书，尝尝零食（一些我深夜写作时准备的蜜饯、饼干）。有一天晚上，艾文吃了我桌上的无花果干，觉得很好吃。那是自然，因为我也觉得好吃，又甜又有韧劲，嚼起来充满幸福感。第二天，他笑嘻嘻又来一圈，转了半天问："那盒无花果干呢？"我说我吃完了。他立刻气得打了我一下。

我立刻气得想流眼泪，辛辛苦苦喂了两年奶的儿子，过了五六年竟然学会打我了！其实事情没那么严重，事后我又开始反思：是不是因为我经常动不动打小陈一下？但是本着以德服人的宗旨，我打回艾文一下后，勒令他必须写一封道歉信。

艾文在楼下对着一张白纸，又生了很久的气，他宝贵的玩耍时间，竟然要被用来写道歉信。

_第三回合　我和哥哥不一样哦

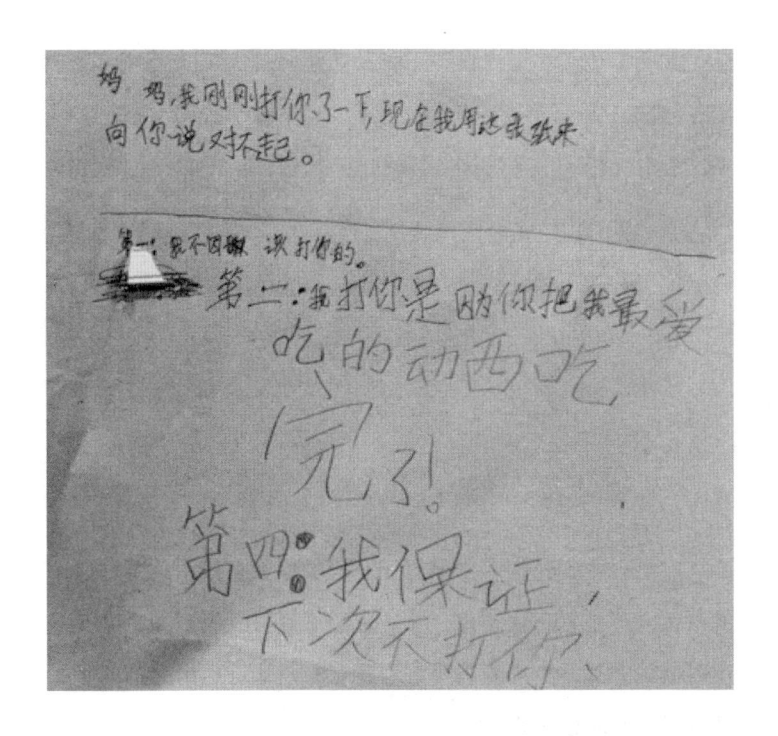

> 妈妈，我刚刚打你了一下，现在我用这封信来向你说对不起。
>
> 第一：我不因为　误打你的。
> 第二：我打你是助你把我最爱吃的东西吃完了。
> 第四：我保证，下次不打你。

信收到后，我看完笑了半天。

孩子真可爱，怎么那么可爱呢？每一个小孩，都有每一个阶段的可爱之处。

神奇的是，自从我告诉他，以后每次犯错都要写道歉信后，他好像没怎么生气发火了。艾文说："道歉信这个办法真好。"

孩子长得丑这件事，真的需要告知家长吗？

在后台收到这样一条留言："看了那么多篇（您写妹妹的文章），还是忍不住要说，妹妹真的不好看。我现在翻翻儿子小时候的照片，真心觉得不好看甚至有点难看，但是当时且长期觉得好看而狂晒朋友圈。"

看完不愉快了三秒钟，心想这一天终于还是来了。

其实之前也收到过只言片语的反馈，说"妹妹真难看""眼睛真小"之类。但这回留言者对我更像是发自肺腑的好言相劝，甚至不惜搬出了自己的例子，想告诉我：你家小孩并不好看，以后最好还是别晒照片了。

她是生怕我不知道这一点吗？所以特地来公平公正地点评

第三回合 我和哥哥不一样哦

一番。她大概以为我会膨胀得去给妹妹报名参加选美大会：被众人耻笑那就不好了呀，你女儿长什么样，你就没点自知之明吗？

其实我对此有着充分的认知，光从五官长相看，我女儿算是个百分百的普通人：小小细细的眼睛，有点塌的鼻子，一直都光秃秃的脑门。毕竟，我不是林志玲，她爸爸也不是吴彦祖，两个普通人生出个普通人，这不是最正常不过了吗？

要是生出来大眼睛、双眼皮、高鼻梁，那必定是抱错娃了。

中国人对于普通小孩，一向都吝啬于言辞，好像多夸几句好的，就怕把小孩给捧坏了。我儿子刚出生时，一众亲戚跑来医院看小孩，竟然没一个人夸他好漂亮好可爱。只有一个亲戚说了句："这小孩还是蛮老练的。"一个五斤多的早产小孩，我要他老练干什么？！

儿子慢慢长大，我一直觉得他相当可爱，但也知道他就是个普通的小孩。一个没小孩的朋友说，如果我是你，我就不会把普通小孩的照片放在网上。想想也有道理，普通而已，又不是惊艳，用得着给别人看吗？

直到有一次带小孩去北京玩，有个朋友的妈妈说："你儿子真是长了父母所有的优点。"忽然有那么一下，我觉得开心极了：啊呀，儿子也在为基因好好努力啊，他虽然很普通，但是也很优秀,不是吗?

后来带着出国,去泰国的时候,他跟平常一样,坐在婴儿车里,嘴巴流着口水,到处乱看。不知怎么的,普通小孩去了泰国,好像变成明星一般,到处都有人说:"哇,好可爱。"去逛街,总有人蹲下来大声赞叹着他的可爱;在餐厅吃饭,点完单发现有附赠的橙汁,服务生笑嘻嘻地说:"这杯送给最可爱的宝宝。"我一下惊呆了:哇,原来我生了这么可爱的小孩吗?

是,有时候把他放在孩子堆里,他还是那么平平无奇,那些金发碧眼的外国小孩就跟洋娃娃一样,吸引着所有人的眼球。

可是真的,小孩哪有丑的呢?洋娃娃有洋娃娃的好看,小眼睛塌鼻子的宝宝也有另一种天然呆萌的美。只要好好观察,就有他特别可爱和无敌的地方。

现在的妹妹也是一样,论长相确实不符合传统审美。亲戚们上门,还是没人夸她好看,甚至草草看过一眼后,迫不及待告诉我,某某家的新生儿,眼睛好大,就跟洋娃娃一样。上海的乡下人都有种特别实在的性格,仿佛他要说出一句夸夸其谈的花哨话,他就不再是一个好人了,他必须要告诉你实话。

但看到妹妹软糯粉嫩的脸颊,我还是忍不住感慨:啊,小

第三回合 我和哥哥不一样哦

婴儿怎么这么可爱！这种可爱就像观赏春天大树新长出来的绿叶一般，或者什么可爱的小动物一般，是一种对于大自然之美的赞叹。

真好啊！原来人类在生命之初，每天一醒来就会展现出对世界兴致勃勃的眼神；想要拿什么东西，浑身上下都会一起使劲；被抱着出去转一转，整个人都好像被眼前的世界惊呆了。

女儿最美的时候，就是笑起来的时候。她又是一个特别爱笑的小婴儿，每个人只要稍微朝她展现一点善意，逗逗她，她立刻就会张开没牙的嘴巴，送上她最天真无邪、没心没肺的笑容。

我忍不住要分享她的照片：这么可爱，别人看到也会很高兴吧？

当然，分享的时候就想到了，一定会有人因为女儿不符合主流审美的五官，出来说几句大实话给我听，生怕我不明白、不知道、不了解，一下膨胀起来。实不相瞒，我的确膨胀得很呢，并且我正努力让我的女儿有一张不被欺负过的脸。这种脸一看就是从小被夸了无数次——亲爱的甜心，真可爱，真漂亮——整张脸上都洋溢着自信和神采，举手投足大大方方。

我从小相貌平凡，刚上学就被大人教导：长得不好看，只能好好读书，不然将来怎么办？但凡露出一点臭美的迹象，在镜子前停留时间久了点，在意衣服的颜色，想要好看的裙子，就会被家里人骂："有这种臭美的工夫，不如多拿来读读书。"

青春期后，这种长相上的不自信影响更大。印象中，我始终驼着背，看到喜欢的男生，觉得天差地别。以至于二十多岁后，有人夸我好看，我根本不相信。三十岁后，我才开始建立样貌上的自信，但觉得太晚了，真的太晚了。

每当我看着妹妹的小模样，不管她在笑还是哭，我都由衷觉得，真可爱。

我想让她保持着这样的可爱，每天大大方方夸她，让她眉眼间全是自信。等她长大后，如果有人告诉她，你长得不好看，她压根不会相信，只会觉得这个人怎么这么粗鲁没礼貌，是这个人的问题，跟她毫无关系。

我想让女儿长出这样一张神采飞扬的脸。

第四回合

二胎家庭的修炼

拖儿带女，恭喜来到最佳宰客区

朋友最近在云南玩，知道我无缘出门，频频发来小锅米线、烤饵块的照片。她说自己预订的酒店很不错，五星酒店，地方大，房间宽敞，设施一流，活动价买的，只要九百多就可以住两晚。

我看了照片很心动，怎么这么便宜！趁着五一放假，飞一趟云南也不是不可能。连忙搜索一番价格，然而点开五一当晚的房价，犹如一盆凉水从头浇到脚，怎么最便宜的房间要两千五百元了？凭什么朋友去住，不到五百元一间，我去住就要花五倍的价钱？

另一个朋友前几天刚从澳门回来，据说现在澳门奢侈品店前全都排满长队。然而酒店是超便宜的，她去住的"巴黎人"，价格比前两年我去住的时候，便宜了一半多。

第四回合 二胎家庭的修炼

上帝啊,为什么要这么对待一个拖儿带女的女人?

经常有人问我一个严肃的问题:你是自由职业,你丈夫是全职爸爸,你们一家为什么要赶在节假日出行?这不是给自己找不痛快吗?

原因很简单,我家有一个正常上学的小学生。如果艾文是个天才少年,那大概我可以满不在乎,随时跟学校请假:嘿嘿,不好意思,要带他去戈壁滩探险,拜拜了您。可惜他只是个普普通通的小学生,他的同学比他成绩好的,都在补课的路上。他中不溜儿,怎么好意思搞特殊化?当代父母已经说服自己,要让小孩成为一个合格的普通人,经常请假可不是普通人的作风啊。

遥想当年,我也会节假日躺在家里的沙发上,看着新闻上人山人海的画面,心想这些人真傻,何必非要赶在这时候出去?现在我知道了,当你辛辛苦苦、兢兢业业工作了那么久,你心底总还是有一股出去玩一会、看看世界的渴望。平常,儿子每天都被各种日程排满,作为父母如果不带他出去玩,也实在是有点残忍。

只是出门带俩孩子已经够苦了,更苦的是去哪都得按最高标准来。我以前没想到二胎会多这么多花销,真的有了二胎后才发现,两个小孩光酒店房间一项,足以令人咋舌。

就拿上一次清明假期来说,举家出游,订了豪华套房。以前一家三口出行，只订基础客房。这回想到喂奶的时候如果有另外两个人同时在房间，一定很难受，才额外多加个小客厅。房间里有一张超大床，还可以安排一张婴儿床。

怎么睡这个问题，其实一开始并没想好。到了晚上发现，把妹妹放在陌生的婴儿床里，是万万不能的。她连家里的婴儿床都不肯睡，为什么要睡外面的婴儿床？对她来说，这跟半夜被卖了是一个意思。千万不要小看婴儿的警觉性。所以当晚的安排是，妹妹跟我们睡大床，儿子一个人开开心心去睡了客厅的沙发。

凌晨一点多，我看了一眼睡在沙发上的儿子，登时觉得对不起他。因为有了二胎，以前睡床的儿子，改睡沙发了。

第二天，我觉得该一碗水端平，两个小孩都该有床睡。酒店工作人员春风满面地给我们介绍了他们的双卧别墅，两个房间两张大床。我一看价格差点当场去世，是真正有钱人住的一万块一晚的房间。

有意思的是，有时候我在酒店预订页面输入"两个大人，一个婴儿，一个儿童"，通常很多酒店会直接给出最大的套房房型，那些便宜的高级大床房通通不见了。好像酒店也在纳闷：您四个人，您住个最便宜的房间？您住不开啊。

有酒店公关十分热情地说："毛老师，欢迎您来我们酒店，可以免费住。"我一听大喜："好，可以，马上安排，五一有房吗?"公关尴尬地徐徐退出:"五一是不行的,平常您看可以吗?"

单身青年花几百块就能开开心心游一趟江浙沪,我拖儿带女在太湖边看着一模一样的风景,却要付出好几倍的代价。而且凭什么要付出这么多,才能得到他们十分之一的快乐?

不能随便住,随便吃吃怎么样?

那天晚上因为懒得出门,外卖点了一份凉皮小吃。第二天我开始拉肚子,成年人拉肚子没什么问题,可怜的是吃母乳的妹妹,时不时噗一下,一天拉了五次。

在湖边、在停车场、在饭店,我们一次次打开满是屎的尿布,手忙脚乱擦拭干净,怀着忐忑不安的心情,跟在一跑就不见踪影的儿子后面。我心中默默发誓,以后绝不乱点外卖,乱吃街边小吃。就这样,跟便宜的美味说了再见。

奇怪的是,这样的旅行结束之后,五一竟然还想再来一次。于是五一又花比平时贵上几倍的钱,订了一家酒店。

朋友不解地说:"为什么不能你们和妹妹一起出去玩呢?"

我亦不解地看了看她,说:"认真的吗?我们一家三口社会闲散人员出门玩,把上小学的儿子扔在家里?如果你爸妈带你弟弟妹妹出去玩,你会怎么样?"

朋友笑着说:"呵呵,他们不敢。"

当代父母的卑微,淋漓尽致地展现出来了。就算去公园看一次樱花,也要赶紧把三点半放学的小孩接过来,"走,一起去"。艾文还因为妹妹已经比他先到了一小时,很不满意,嘟囔着:"她比我多玩了一小时!"

我们在饭桌上谈论到这个问题,我感慨万千地对着小孩说:"如果不是你,妈妈肯定已经出去玩了。"

儿子气呼呼地说:"你们要是丢下我去玩,我会气炸的。"

不会的,放心吧……

第四回合 二胎家庭的修炼

二胎家庭也配正常生活？

女儿七个月了，我想，一切都应该开始慢慢回归正常了吧。

所谓正常生活，就是像普通人一样，时不时关心下社会，有时出门看看世界，带着一种闲适而放松的心情，一家人出去吃一餐饭，吹吹风。这是一个快乐的普通人该有的样子。

有关出门吹风的重要性，我是在家里一棵大型盆栽上悟到的。

一年前买的天堂鸟，我勤勤恳恳按照半个月浇一次水的频率，把它养得十分喜人。只是不知道什么时候开始，天堂鸟不停抽着新的叶子，那些叶子却再也不舒展开了。有一天，我指挥我爸把天堂鸟搬到庭院里吹吹风，一天后，它神奇般地舒展开了叶子，一改原来那副蔫不唧的模样。

我十分感慨：植物都需要吹吹风，更何况是个人？

于是小陈提出要不要去车展看看的时候，我毫不犹豫答应了，还要带两个小孩一起去。大的，安排他看看概念车，了解一下未来趋势；小的，我去哪里她去哪里，尽管她还在吃母乳，但是已经减少频次，较为可控。理论上来说，半天的行程，只需要喂一次母乳。

车展距离我家车程不超过半小时，小陈对此显得跃跃欲试，他跟所有的直男一样，对于要去一个地方看无数辆车这个活动，显得相当兴奋，一个劲地说："到时候我们就去看看那些六座车、七座车。"

出发的时候，一切都十分美好。我和小陈坐在前面，艾文拿着玩具坐在后面，一边逗妹妹一边说："我最喜欢妹妹了，我要跟妹妹玩。"目睹此景，小陈说："你看，不是挺好吗？"

我看了一眼后座，果然一派和谐，看来人果然要勇于尝试，不要老待在舒适区。

二十分钟到达国际会展中心停车场，我打算先给妹妹喂一次奶，免得等下她想吃，不过她屁股扭来扭去就是不配合。心想算了吧，换个尿布赶紧出发。这时妹妹给了我们突然一击，她拉了，拉得很多。

好，不要慌，衣服带了，尿布带了，湿纸巾带了，连一次性隔尿垫都带了。小陈负责擦屎、换尿布,我负责在外面收拾他扔出来的脏尿布、湿纸巾。十分钟后战斗完毕。

看,一点挑战都没有。男女搭配,干活不累。

推着推车进入车展时,我们一家就像那些幸福的二胎家庭:父亲推着婴儿推车,母亲牵着大小孩的手,一家人齐齐整整出发去见见世面。

刚走进场馆,就碰到一对小夫妻带着一个两岁的孩子,看得出来,他们有点艰难。全家人都衣衫不整,妈妈的腰上绑着一个腰凳,爸爸推着一辆推车,小孩却在爸爸手上,浑身都在使劲,想要赶紧下地。啧啧,我在旁边看了一眼,默默为他们祈祷。

我的计划是这样的,花一小时看完车展,拍几张可以放朋友圈的照片,之后赶紧撤,找个商场吃顿饭,然后打道回府。但是进了车展,全家逛来逛去走了二十分钟,还没看到一辆车。

场馆太大了,小陈越走越慌,走二十米嘟囔一声:"我上次来,一进来就有车呀。"艾文开始在旁边说:"如果这时候能在家里痛痛快快玩,多好啊。"

"等等,你不想来车展吗?你不喜欢车?"

"我喜欢马车。"他忽然来了句。

当时我就想回家算了。小陈跑前跑后说:"我保证你们在五分钟后可以见到一辆车!"

见到车后,艾文又开始了:"这都什么破车啊,不就是马路上普普通通的车吗?有什么好看的!为什么来这里?"

我惊呆了,出发之前他还充满期待,开开心心坐上车,到地方了怎么判若两人?

幸亏最近恶补了几本儿童心理学的书,书上说,每个小孩都需要怒刷存在感。妹妹刷存在感的方式是拉屎,爸妈围着一通忙。哥哥看着心里不是滋味,但他能怎么办呢?他想做好事被我们夸,但在外面马路上非要推婴儿推车,被小陈一通骂;骂完他开窍了,既然做好事行不通,不如做个讨厌的人,惹爸妈嫌弃,被骂也比没人搭理强。

车展里人声鼎沸,到处都是大喇叭放着吵人的音乐,艾文不停顶着嘴,我开始担心这种环境会让妹妹烦躁不安。小陈喜滋滋地叫住我:"看,这辆车的车轮和前盖都是镀金的。"一会又说:"看,这辆车有新技术,我要坐进去看看。"

为什么男人逛车展会这么快乐?明明这些车他都不会买。

经过豪车的展台时,我被一辆绿色跑车久久吸引住了视线:车体流畅轻盈,车身上的那种绿是英国三月份荒原上的绿。我想象着自己驾着这辆跑车一个人驶进世界尽头的冷酷仙境,耳边只有呼呼的风,副驾驶座上只有一瓶烈酒。

第四回合 二胎家庭的修炼

不知怎的,我开始教育起儿子:"跑车好看吗?以后买一辆,给你妈坐坐吧。不过要赚很多很多的钱才行哦。"每个妈妈都会不可控制说出这种令人讨厌的话。

艾文看了两眼说:"太贵了,不想买。"

我急了:"你现在努力上学不就行了吗?以后你总要离开我们的呀。"

艾文:"不,我以后要跟你们一起住。"

行了,我们还是看车吧……

妹妹已经在推车上睡着,我走了一万步,达到产后峰值,腿十分酸痛,只想坐一会儿。那边小陈还在热情邀约:"我们去某某车展位看看吧,他们推出了适合二胎家庭的车型。"

中国人就是这点不好,心里想着来都来了,哪怕万分艰难也要再看几眼。

回到停车场的车上时,我已经累得说不出话。小陈问我是否还去商场吃饭,我刚想说不如马上回家吧,妹妹整个下午只睡了二十分钟,现在要回家好好休息一会儿,艾文开口说:"好想去商场啊。"

谁能忍心扼杀一个小孩如此普通的梦想?

车到商场停车场,妹妹又拉了一泡。我后悔了,如果此时在温暖、明亮、方便、卫生的家里该多好啊。

推车来到电梯厅,我看到黑压压的一群人,眼前一黑。来到餐厅,服务员说已经没有位置,又是眼前一黑。勉勉强强找了个位置,好不容易上菜了,在推车里坐了整整一下午的妹妹,终于坐不住了,她再也不想耐心等待,开始浑身打挺,要从里面出来。

正当我衣衫不整,抱着拼命乱挥手的妹妹时,对面两名中年男子各自要了一杯勃艮第产区的霞多丽,举杯共饮道:"我们俩就是为了这一刻。"我几乎都感受到了他们看过来时,那种怜悯的眼神。这一家可怜人,吃个饭要忙成这样。

回家路上,我们遭遇了最强挑战,妹妹不肯坐安全座椅,只管拼命哭。只能停车靠边喂奶,让艾文暂时坐前面副驾驶座等一会儿。他不停地问:"这样能行吗?不是说副驾驶座不能坐小孩吗?"

"暂时坐一下,没关系的。"

他完全听不进去,唠叨着:"可是我只有八岁,不是十八岁啊。"

我和小陈没空管他了,妹妹一个劲地哭啊哭,好像要把一天的不满都发泄出来。等她终于吃饱了奶,坐上安全座椅,四周忽然一片安静,我被这不可思议的荒野一般的安静震惊了:"咦,艾文怎么不说话了?"原来儿子睡着了。

第四回合 二胎家庭的修炼

这安静持续了短暂的二十分钟,妹妹回家又是一场大哭。等到两个孩子终于都睡着,已经半夜十一点。我像死狗一样瘫在餐桌边上,看到在厨房吃水果的小陈,简直就想把他剁成肉泥。

小陈安慰我:"带两个小孩出门就是这样的,换换尿布,骂骂老大,这不就是二胎家庭的正常生活吗?"

"都怪你。"

"为什么怪我?"

"是你提议出门的。"

他转头说了一句:"我不是看你在家无聊吗?"

我在家一点也不无聊,在家好歹还能像个人,出门就像周扒皮的长工、积极改造的劳改犯……

二胎家庭不配过正常生活,像被阉了的猫一样,还是老老实实在家待着吧。

育婴记 颠簸流浪

一切都要怪该死的鼻塞。

最近这半个月，每到晚上九十点，我都会甩个眼神给小陈。他领会精神后，开始快手快脚拿可乐，拿车钥匙。我抱着妹妹，在夜色茫茫中，又一次踏上颠簸的路途。

本来我乖巧可爱的女儿，已经基本实现了独立在床上睡眠。每次到点喂喂奶，她就像吃饱后心满意足的小猪一样，沉沉睡去。奶睡虽然很土，很不科学，可从某种角度上讲，省事就完了。

直到大半个月前，小陈带着妹妹出去吹风，那天他很嘚瑟，坚持说外面不冷，给妹妹穿了件轻薄的连体衣。我刚表现出了一点异议，他就用一副"你这个人育婴观念很老土"的眼神看我。外面或许的确不冷，但风刮得异常大，大风吹得妹妹好几次眯起眼睛，一回家打了几个大喷嚏。

当晚，妹妹开始流起了长长的鼻涕。鼻塞让奶睡变得非常艰难，当她要吃奶，鼻子就没法呼吸；她要呼吸，就没法吃奶。看着妹妹在我怀里又困又饿，因为吃不到奶嗷嗷直哭，我有一个很朴素的想法——把小陈放油锅里两面煎一遍。

两个人一起搞项目，一个人把项目做砸了，却要另一个人收尾。虽然这个项目的确存在着风险预期，但不知道为什么，真的摊上了，我心里还是恨，特别恨。

小陈倒表现得挺淡定，在旁边说着一些类似于"生病也没办法"的话。当时我们还预订了四天酒店，我问他怎么办，他说："生病也没办法呀，只要不发烧应该没事吧。"

怎么没事呢？在民宿的床上，妹妹因为鼻塞，经常半夜醒来大哭，我抱着她安抚时，小陈跟儿子在另一个房间呼呼大睡。后来可怜的婴儿终于学会了忍耐，她开始吃几口奶，敞口呼吸一下，再吃几口奶，又呼吸一下。别人吃奶是吃奶，我女儿吃奶就像潜水探宝一样。

艰难的旅程结束后，鼻塞还是没好。本来我以为一星期差不多能好了，但是鼻涕始终都是那么多。白天略好一些，一到睡觉的时候，因为她经常鼻塞，我没办法再像以前那样把她奶睡。试过了所有的方法，用生理盐水喷鼻子，用吸鼻器、鼻贴,该堵还是堵。有时候,她吃几口会来一个鲤鱼翻身,或者干脆坐起来。妹妹在拼命调整着,想让鼻子通畅点。

奶睡忽然变得如此曲折,漫长,折磨人。

养小孩为什么不容易?因为总是有新的情况出现,打破你原来的习惯。一开始你觉得奶睡很难,半夜换尿布很难,等到慢慢习惯,逐渐成为熟练工,你过上了几天好日子。这时忽然一场病,生物习性又完全改变了,她变得暴躁、易怒、爱哭。一切又要重新开始,你需要再次熟悉生物特性,改变原来熟悉的一切,像接受一个新工程一样,一点一滴积累新的经验。

这时,我和小陈只好采取了我们家的传统办法——开车哄睡,抱着婴儿上了车。在小区后面一条没人的小马路上,我们以二十码速度行驶着,因为坐在安全座椅里,妹妹的鼻子显然要比躺着通畅。通常过不了多久,她就能进入深睡眠。这时我们赶紧回家,趁她鼻子还没堵上,在床上再喂会奶。有几次她不肯坐安全座椅,确认前后都没车,我只好把她抱出来,让她在我怀里来回颠簸。出来遛一趟,立刻就能达到生病前的效果。

有一晚我坐在车上,抱着小孩对小陈说:"我真没想到,三十六岁了,还要过这种日子。"小陈倒是挺乐观的,他说:

第四回合 二胎家庭的修炼

"我觉得挺轻松的呀,以前这条路我不知道来回开多少趟,现在来回颠一次,她就能睡着了。"这个世界对知足常乐的人,永远是美丽的。

要说仅仅如此也就算了,有几个晚上,妹妹不知道怎么回事,遛一趟回去,半夜又醒了,百般折腾都不睡,只好又出来遛一趟。

我开始数那条路上的大小坑,来来回回走大概能颠个七十来下。等我女儿长大后,再回到这条路,不知道会不会触碰到她灵魂深处的秘密?有时候她睡着了,我甚至不想下车,下车要是醒了,还得再折腾一趟,不如就在车里,让她安安静静地睡到天亮。

我对小陈说,再这么下去,恐怕我们的出路就是买辆房车了。小陈想了一会说:"其实买个房车挺好的。"

这一段鼻塞感冒的日子,拉开了我们家二胎生活艰难时刻的帷幕。太难了,怎么这么难?想起艾文小时候不肯睡觉,我一个人把他弄上车,放在安全座椅里,我父母在身后责骂说:"你的车是烧油还是烧水?你干吗要这么惯孩子?"二胎了,白天妹妹睡不着的时候,我爸也学会了开着车,出门绕一圈。

我们全家放弃了跟生活对抗,每个人都躺平了对老天说:

来吧，碾压我。那大半个月我已经无力去想这样的生活到底要持续多久。那句话怎么说来着，你能承受的苦难，正好是你能配上的。

这种生活多么老土啊，我琢磨我把这一段记录下来，肯定有无数人追着骂我——"开车哄睡一点不安全，这种方法肯定不行！""早就说过了奶睡不行，你怎么不听呢？""有病就赶紧去医院治啊，鼻塞小孩多难受啊。"

我也不明白，自己是怎么把日子过成这样的。只有小区后面那条小路，明白我来来回回数着每一个颠簸的辛酸。

有几个出门的夜晚，小陈问我："你就不能自己先试试吗？"他的意思是，试试能不能像以前那样，把她奶睡。我经常试上半小时，双方都筋疲力尽。结果上车后，妹妹习惯性地眼睛一闭——连她都被训练出来了，这是要开车哄睡。我对命运深鞠一躬，行，可以，就让我在人生的小马路上抱着孩子晃晃悠悠吧。

刚这么想没多久，在妹妹的鼻涕流了整整三个星期后的一天，晚上我和她在床上玩，本想放松一下，等着过一会儿抱着她出门"上班"。她表现出吃奶的意思，我想了想，行吧，试试。跟大半个月前一样，她一边吃奶，一边进入了睡眠。天，鼻涕没有了！她的鼻子依然有点呼哧呼哧的声音，但她使劲用鼻子呼吸着。

这一段颠簸的生活，就这样画上了句号。

如果在养小孩前，你被告知即将过上这样的生活，你一定不答应。这么难？那就不要养了吧。有了小孩后才知道，在一次又一次的困难里，人的忍耐程度能被抻得多大——耐心并不会被折磨完，耐心像一张越碾越大的饼，大出了边际。

二胎你都生了，三胎不考虑下？

自从三孩政策发布，这几天我好像一个旅游景点一般，被人踩点询问："还生吗？现在可以三胎啦。"没生的朋友问，生了一胎的朋友问，生了二胎的朋友也问。

没生的朋友说，这政策就是给你准备的嘛，毕竟我们一胎都没有，哪有生三胎的资格；一胎的朋友可能很好奇我的想法，她正抱着"有就要"的想法尝试二胎，不生吧，这就高龄产妇了，生吧，以后在单位会被边缘化，再也不能当骨干了，所以生不生都行，看命；二胎的朋友，是这么想的，如果过几年两个小孩都上了小学，她事业没什么发展，那就再生一个吧。

三孩政策发布那天，我得了相当严重的乳腺炎，左侧半个乳房肿胀得跟石头一样，稍微一碰痛得龇牙咧嘴。在没有硬块

第四回合 二胎家庭的修炼

前,我有很多人生愿望,比如想瘦一点,想好好锻炼,想多赚点钱。但是疼上了以后,从早到晚我都想着一件事,这硬块什么时候能消?

痛苦太过于具体,乳腺炎成了眼下最大的麻烦。虽然已经得过好几次,这次连通乳师都束手无策,第一天半夜十二点来,按了一个多小时,一点办法没有,临走时说:"冷敷,叫宝宝多吸。"想到七八年前第一胎的时候,我的乳房肿成石头,去医院挂外科,一个男大夫看了看、摸了摸后,也是这七个字。

在这种时候,问我要三胎吗?怎么说呢,就像紫薇被容嬷嬷捉去用针扎得起劲的时候,你问她:想谈恋爱吗?紫薇很难有这个心情,紫薇心里就一件事:什么时候能不再受折磨?

通乳师来了两天后无效,第三天我去了医院,怕万一事态严重,硬块发展成脓肿。乳腺科医生摸了摸,告诉我应该还不是,之后她娓娓道来,说亚洲女人乳腺管太细,很容易堵,发生这种问题,真的太常见了,西方女人乳腺管粗,她们就很少发生堵奶这种问题。我想起之前上产前课,助产士说亚洲女人骨盆扁平,不如西方人骨盆大容易生。这么一总结,身为东方女性,生育小孩的配置实在太差了。

但东方女人的坚忍程度真是第一名。医生告诉我,前两天她刚问诊了另一名哺乳期妇女,硬块四天,已经变成脓肿,需要穿刺引流。我迫不及待地提问："那还能喂奶吗？"医生说："可以啊，她打算继续喂呢。"我想应该很疼，疼到什么程度？大概就是喂奶的时候嘴巴里要放块毛巾咬着那种。

我的乳房硬块，到第四天，终于找到了一个隐藏的小白泡，用针刺破后畅通了。喂奶的时候，哇，好像乳头被狠狠刺了一针，饶是如此，也还是继续喂。喂两天，就好了。

目标是母乳一年，这样宝宝不容易过敏。家里人说了好几次，不如这次就把奶断了吧。有个朋友告诉我，她因为经常出门工作，虽然按时吸奶，奶已经越来越不够了，几个月的小孩喝奶粉后经常过敏，大哭，大人晚上要起床哄好几次。换奶粉，就有了另一种痛苦，相比之下，不如还是选这种熟悉的痛苦。

等我乳腺终于通了后，三胎这个问题又时不时被提出来。

有一天我妈在整理妹妹穿过的小衣服，很多衣服还很新，她一边整理一边惋惜："啊呀，这件没穿过几次呢，这件也是，跟全新的一样。"我爸听到了，在旁边挤眉弄眼抖机灵："三胎放开了，再生一个，这些留给老三穿。"

我妈当场勃然大怒："你也不想想你女儿受了多大的苦？！放着舒舒服服的日子不过，还三胎呢！"

生小孩就像一场超级马拉松，女人一个人义无反顾上路，中间经历无数艰难险阻。如果有一个好的团队，里面包含一流

第四回合　二胎家庭的修炼

的教练和绝佳的康复师、营养师，路途就会比较轻松。但还是很难，对大部分普通母亲来说，生孩子是一条非常艰难的路。有些时候会很顺利，感觉自己在幸福的顶点；更多时候，磕磕绊绊，甚至走在放弃的边缘，觉得没有办法再继续这样的生活。

个中滋味，只有亲身经历过的人，才能完全体会。但超级马拉松带来的愉悦感，也是别的幸福所不能取代的。小孩肥嘟嘟的脸蛋，是世界上最金光璀璨的奖牌，真是忍不住看了又看，摸了又摸。

所以要不要再来一次，再跑一次，这真是一个无解的问题。大部分人的耐心和勇气，很可能在一次或者两次马拉松中消失殆尽。

我有个亲戚，家庭条件非常好，可以说具备养二胎的各种客观条件。但她发誓绝不生二胎，原因是从幼儿园大班开始，她一路辅导小孩作业，该工作具有不可替代性，她再也不想再读一遍小学了。

另一个三胎家长告诉我，一胎、二胎、三胎，面临的是完全不同的状态。三胎，那是革命性的改变，从此孩子们的事将会在家里此起彼伏、络绎不绝，直到占据你所有的个人空间。我有点困惑，跟她说："我现在就觉得够此起彼伏了。"她摇摇头:"不,二胎跟三胎完全不一样,完全不是一个量级。"

我没仔细听她说下去,因为三胎这件事,不仅我不考虑,小陈也不考虑。有了女儿后,他的眼睛越发眯成一条线,每天笑眯眯抱着越来越沉甸甸的妹妹,有女万事足,什么都不想了。

我这边则继续人仰马翻,应接不暇。二胎,是一场更加考验耐心和勇气的马拉松,如果把小孩两岁当成一个阶段性终点,我现在还在努力向终点冲刺。

好了,别问我下一场要不要去,先为这一场加油鼓劲吧:可以做到的!你一定可以!——我每天晚上在婴儿的啼哭声中,为自己加足马力。

第四回合 二胎家庭的修炼

向小陈同志致以父亲节的最高敬意

小陈走这天,我们全家都暗暗松了口气。

可算走了,他要回老家参加亲戚婚礼,一个月前已经定好了行程。恰逢周末是父亲节,我暗暗想,大概是上天都要放他一次假,他单身近四十年的表哥竟然成亲了。

小陈走之前,再三嘱托:不要让你爸妈为艾文做所有的事,千万不要。我嘴上答应,其实心里暗想,放松几天也没什么吧。

这周恰逢艾文期末考试,家里气氛高度紧张,每天我都能听到小陈在怒骂艾文。放学回家,艾文吃完饭很自然地提议说:"我想去散步。"小陈大怒:"不行!"艾文没头没脑地说:"为什么不行?"小陈气得半死说:"刚才回家说好了,吃完饭就复习,你全忘了?!"

他吼的声音越大，我爸妈的脸拉得越长，我妈几次三番跟我打小报告："你老公一吼，我和你爸吓得从沙发上弹起来。"

不带小孩的人都觉得，何必对小孩凶成这样呢？小朋友的天性不就是爱玩爱闹吗？干吗老是凶神恶煞一样对他？小孩多可怜啊。

所以小陈一走，我妈很开心地叮嘱钟点工阿姨，晚饭不用煮汤了，那个喝汤的人走了。家里的天空一下变换了模样，每个人都可以想干吗干吗，自由的空气果真格外香甜。

星期五晚上，艾文邀请我："妈妈，走，一起去散步吧。"我热情地跟在他后面，梅雨季节，外面下着毛毛细雨，空气中传来栀子花的阵阵甜香。这不是挺好的吗？小朋友就该在大自然中玩个痛快。

说时迟那时快，艾文一声低呼："那是什么？"我在黑暗中只看到路边有一坨东西懒洋洋地跳了一下。他举起手中的网兜，眼疾手快网下去，发出惊喜的欢呼："抓到啦！是一只癞蛤蟆！"

"癞蛤蟆"这三个字让我内心恐惧得燃烧出了一个洞。我小时候就算在田埂上跑了无数遍，看到癞蛤蟆还是不敢直视，大人说癞蛤蟆有毒，碰了眼睛都会瞎掉。

我极力镇定住自己，劝说艾文："这东西有毒，快放了吧。"

第四回合 二胎家庭的修炼

他像捉到了什么稀世珍宝一样跟我解释:"我没碰到它的毒腺,而且癞蛤蟆这样摸是没有毒的,只有当你要摔它的时候,它受到很大惊吓,才会释放毒素,我上次去夜观的时候老师讲的。"

这时候我第一时间想起了小陈,如果小陈在该多好,大吼一声,艾文就会不情不愿把癞蛤蟆放了。现在他就像逮到唐僧的妖精一样,欢天喜地地把那只看起来有一斤重的癞蛤蟆带回家了。回家后我爸妈反复劝说,无果。

艾文看起来想跟癞蛤蟆做室友,他已经十分清楚明白,这家里没人是他的对手,现在他要爬到我们每个人头上做大王。

小陈走的第一个晚上,两个小孩到晚上十一点都没睡。大的在网上查着癞蛤蟆的资料,神秘兮兮地告诉我,他抓住的这只癞蛤蟆在澳洲数量巨大,把澳洲的蜥蜴都给吃绝种了。

小的本来如果过了十点还没睡,我和小陈就会默契地赶紧上车——颠几下就能睡,干吗在家里白费劲?但我爸妈觉得那种方法是错的,不能助长婴儿的坏习惯。所以直到十一点,他们才达成共识,带妹妹上车。

秩序乱了,队伍不好带了。我看得出来,每个大人脸上都有点难色,有点想念那个喝汤的人。

这天晚上,我叮嘱我妈,把癞蛤蟆偷偷放了。我以为周六早上艾文会号啕大哭，没想到他沉着冷静、智慧应对，又出门捉了一只小蛤蟆。

那只大蛤蟆他可能也有点害怕，小蛤蟆一捉回来，艾文就开始了他最喜欢的筑巢作业，给小蛤蟆做一个温馨的家。整个下午，他都趴在地板上欣赏着蛤蟆，有时用手把蛤蟆捉起来，引来大人连声惊呼："有毒，有毒的！"

掌握了智慧的艾文充耳不闻，一遍遍给我们科普，只有在极端情况下，蛤蟆才会释放毒素。这时我无比希望他去做点正经事："作业写了吗？小提琴练了吗？葫芦丝吹了吗？课外书看了吗？"艾文假装什么也没听到，一个人拿着网兜，去给蛤蟆找吃的。

这种小孩在荧幕上还是蛮可爱的，正如诗人远观很浪漫，真的在自己家里有一个，就要疯了。

没多久，艾文全身上下被叮了二十个蚊子包回来。我妈气得大叫："再也不准出去了！"没用，艾文不听她的。我爸也大光其火，想把小孩的网兜和提桶都给扔了。我又开始想念小陈了，自从他走后，家里每个大人都变得凶神恶煞。

艾文既不肯写作业、看书，也不肯吃饭、睡觉，他就像个野人一样，一直游荡在外面。原本想着自由让每个人都能健康生长，结果呢，艾文带回了癞蛤蟆，他还希望院子里能种点葡萄藤，因为他听我妈说葡萄藤下经常埋着蛇，他对此欣喜若

第四回合 二胎家庭的修炼

狂:"蛇,我想要啊!"

我不想继续做一个自由民主的母亲了,我想我的孩子跟原来一样,每天晚上都能练一会乐器,看一会书,按时上床睡觉,不是半夜十一点钟还对着我虔诚发问:"为什么我不能养一条蛇?蛇不是挺可爱的吗?"

不能,不行,不可以!

我急需小陈来保障我的生命安全,幸好他在父亲节这天要回来了。艾文抓紧最后狂欢的时光,问我能不能去附近的农田。我紧急拨通了小陈的电话:"你对你爸爸说你要去干吗。"儿子的嚣张气焰顿时灭掉了一大半。真厉害,好像野马一下被驯服一般。

小陈的出走,犹如东海没有了定海神针,猴子大闹龙宫。以前小陈训儿子的时候,我经常说:"你都带艾文三年了,他怎么还这么不听话呢?"那时小陈总是气呼呼地说不出话。

现在我找到了答案,三年了,小陈就是艾文的五指山、紧箍咒。猴子就是猴子,但每只猴子都有对应的大神。

离小陈同志回家还有两小时,艾文正在家里撕心裂肺地大吼。呵呵,你的好日子不多了。等小陈回家,我一定由衷地赞扬他:"同志,辛苦了,家里没你不行!"

这回还是没能战胜幼儿发烧

照理来说,我也算是个有点文化的人。在没生二胎前,有一回看国产电视剧,里面有个情节,是妈妈回家一摸小孩额头滚烫,不管不顾立刻上医院。当时我心想,愚昧啊愚昧,幼儿发烧这么常见的事情,首先应该观察七十二小时,看看小孩的精神状态如何,还有心情玩耍说明没事,情况不好才需要去医院。

前几天,我女儿经历了出生以来的第一次高烧。

那是从几天前一两声咳嗽发展起来的,到某一天晚上,她咳嗽得有点厉害,发了点低烧。当时我还能镇定自若,没关系的,小孩就是这样,他们依靠一次又一次和疾病的斗争,来完善自己的免疫系统。

第四回合　二胎家庭的修炼

第二天，妹妹的体温又上升了一点，到了三十八度左右。不知怎么的，我心里有点慌了，听说低烧比高烧危险，有些低烧没准就是肺炎的征兆。而且她咳嗽起来那么厉害，会不会有点问题？

我先镇定自若地去了趟医院。医院告诉我，疫情开始以来，呼吸道疾病必须去急诊，还必须核酸检测。这时我的脑洞又开大了一点，难道妹妹感染了新冠病毒？

我和小陈带着妹妹火速赶去医院，焦急地等待一番后，见到了急诊医生。医生很和蔼，听诊器放在妹妹身上，妹妹精准地打掉了听诊器，又鲤鱼打挺般干净利落地从躺着一下翻身坐了起来。医生连连夸她："力气真大，小胖胖真好玩。"

折腾一番后她告诉我，妹妹心肺都没什么问题，目前对这么小的婴儿来说，咳嗽也不能吃药。"观察吧，观察两天再说。"就这样我们一无所获地回了家，路上我还乐观地跟小陈预测，或许过两天就好转了。

当天晚上，妹妹发起了高烧，整个人滚烫滚烫，拿体温计一测，体温飙升到了三十九度四。看到体温我已经完全心慌意乱，怎么会这样？怎么一下子就烧起来了？发着高烧的婴儿睡一会后坐起来哼唧一会，或者因为咳嗽喘不上气大哭一会。这时我的心理防线开始慢慢崩溃。

妹妹到底算是什么样的状态呢？我看不出来她到底算状态好还是状态差，从半夜十二点到早上六点，一直不敢睡——万一她高热惊厥了怎么办？万一她咳嗽吐了怎么办？——越想越吓人，越想越精神。

折腾一晚上的妹妹，第二天早上九点多，看到我爸竟然开心地扬起了手，表示自己想出去转转。理性的想法：她还有力气玩，说明状态还可以，我应该继续观察。感性上我担心极了：会不会不仅仅是感冒？

我妈在一旁开始推波助澜："小孩都烧成这样了还不去医院看？万一是肺炎怎么办？肺炎越早看越好，晚了小孩多遭罪。"到中午，妹妹烧到四十度，我爸坐不住了："这么小的孩子烧到这么高，脑子坏了怎么办？"

不知道为什么，在上一辈人的回忆里，他们好像都认识几个小时候发高烧烧坏脑子的同伴，印证着几十年前农村医疗水平极其不发达的事实。他们主张，一定要去医院看看，万一呢，万一有点事怎么办？

妹妹幼小的身躯虽然还在奋力地玩耍，但看背影已经有点使不上劲了。去趟医院能有多麻烦？赶紧走吧。去了医院，见到医生第一句话："医生，她咳嗽又高烧，会不会是肺炎？要不要挂水？"

第四回合 二胎家庭的修炼

这时的我,最多就是小学文化水平。平常看到别人动不动给小孩挂水,心想抗生素泛滥多可怕,小病就挂水,以后怎么办?等自己小孩烧起来,我迫不及待想随便对她做点什么,让她立刻好转起来。

医生开口第一句话:"小孩状态这么好,为什么要挂水啊?"不知怎么回事,在家看起来有点不太精神的妹妹,到了医院又是生龙活虎。

我后来在网上看到一个医生说,她上了十一小时的班,看了八十七名患儿,对好几个家长苦口婆心地劝说,小孩精神状态是第一位的,给他点时间,不用挂水,不用着急打退烧针,发烧是可以自愈的。说到嗓子疼,还是有家长不相信,万一烧出点啥呢?

还有一个家长说,她带着发烧的小孩去看病,医生对前一个发烧小孩家长说,不用挂水,结果家长立刻骂骂咧咧。

做医生真难啊,做家长也难,看到婴儿生病,那比自己生病痛苦多了。我甚至想,比起妹妹高烧,还是我得乳腺炎比较好,后者虽然痛得要命,但过几天总会好的,而且没什么后遗症。

冷静下来后想,那些长辈口中"万一"的病,其实早就潜伏好了,是这些病导致了发烧,并非发烧烧出了这些千奇百怪的病。

那天我还是极力要求在医院验了回血,第一次被刺破手指的妹妹嗷嗷大哭,使劲捏着她手指的护士,把婴儿鲜红色的血一滴滴收集起来,来看看有没有炎症的可能。半小时后拿到结果,医生判断,是普通感冒,再观察四十八小时吧。

在小孩的问题上,中国人一定是最着急上火的群体。你就算一开始不着急,周围人的态度一定能起到推波助澜、火上浇油的作用——哎呀,孩子多受罪呀,都这样了你还等什么呢?万一有点事怎么办?去一趟医院买个安心不好吗?……

那四十八小时的第一个二十四小时特别难熬,妹妹的高烧甚至烧到了四十度。虽然她还在梦中熟睡,但连小陈都坐不住了,叫我把妹妹抱起来喂药。都四十度了还不吃药吗?就算睡着了她肯定也难受。

等到第二个二十四小时,烧慢慢开始退下来,稳定在了三十八度左右。我脑海中各种可怕的假设才算排除了一半,既然温度在下降,那说明并不是什么疑难杂症。

四十八小时后,妹妹的体温已经完全正常,果然,七十二小时观察法是对的。明明知道应该这样,还是跑了两趟医院,让两名医生苦心劝说。我这到底是着了什么魔?

妹妹退烧后,家里如同暴风雨刮过的清晨,空气清新,阳

第四回合 二胎家庭的修炼

光和煦,一切都是那么美好。这时候我的理智终于又回来了,琢磨着,如果没去医院,其实她现在也好得差不多了。需要付出的不过是在四十八小时里,像个后妈一样无动于衷而已……

不行啊,就算是第二次生小孩,依然还是充满了困惑和担忧。万一呢?"万一"两个字附带着的所有可能性一来,就变成了亲妈心头上的无数座大山。

养孩子这件事上,我们永远重复着那个老人和驴的故事。不管怎么做,周围都有一群人告诉你,这样不对。

重回独生子女之家，安逸得不敢相信

儿子去夏令营已经整整一星期（总长十二天），只打回来两个电话。

第一个电话让他爸爸白天别乱打电话："我有空了会打回来的。"第二个电话问了一圈家里的宠物："蟋蟀还活着吗？乌龟呢？锹甲喂了吗？小丑鱼有没有死掉？"听说都很好，他放心地挂了电话，丝毫没有问妈妈好不好、妹妹好不好。

这几天我家又短暂变成了独生子女家庭。

就说此时此刻吧，我在楼上工作，楼下小陈放着儿歌，想必是一边看着妹妹玩一边吃点水果。儿子走了，忽然就像全天工作制变成了半天工作制，真够放松的。

第四回合 二胎家庭的修炼

平常儿子在的时候，那就是此起彼伏、永不消停的一天。艾文每天早上七点多基本会醒，醒了后他开始到处蹦跶。在家里蹦让我很心烦，在外面蹦虽然能短暂消失一会儿，回来后更让我心烦。这孩子每次都要钻到草丛里，被咬上十几个蚊子包。这还算轻的，严重的时候，整个人被爬藤割得到处一条条，灰头土脸回来，被爸爸大骂一顿。

每当这种时候，我总想离家出走，文章写不成了，脑子里嗡嗡一片，什么灵感都没有了。

前段时间看《作家的花园》一书，发现好多名作家都有同样的困扰：赚钱后买了大房子，家里人来人往甚是喧腾，为了躲避吵闹的孩子，好多人在花园里专门盖一间小小的写作屋，基本都是一个茅厕大小，用来潜心写作。

看得我一阵心驰神往，忍不住从二楼窗户瞅了瞅楼下屁股大的花园里，是否有这样的一个可能。这个小屋不用太大，能摆下一张桌子、一把椅子就够。自然，要安装个空调，有个饮水机，最好还有个洗手间，如果能多一个单人床铺，那就更好了……

有个编剧朋友说，她每天工作的时候，要专门把儿子送到外婆家，早上送过去晚上接回来。她说就算儿子在家一句话不说地关门埋头写作业，对她也是一种妨碍。我想击节叫好："就是这样！"

再想到当年J.K.罗琳推着婴儿车在咖啡馆奋笔疾书的传说，毫无疑问她的小孩真是来报恩的，居然可以不哭不闹一直睡觉；而普通文字工作者的小孩，简直有葬送父母职业生涯的嫌疑。

不过好消息是，两个孩子只要有一个不在家，父母的生活质量就有了稳步回升。家里变大了，变整洁了，除了妹妹偶尔哭闹的时候有点令人心烦，我根本没什么写作的障碍。一家三口的配置下，大人的其中一个带小孩，另一个就可以心无旁骛做自己的事。

一家四口是这样的：两个大人每人负责带一个小孩，没过多久开始互相推诿。要不就是我把妹妹放到小陈手里，"你带她玩会啊，我要去忙"；要不就是艾文被骂了来找我诉苦，"妈妈怎么办啊？爸爸不让我去夏令营了。"——尽管我在心里想，那是不可能的，你必须去，但表面还要跟小陈打配合。

要不就是两个小孩在一起玩，但大人并没有传说中的松了口气，而是更加紧张，万一一个把另一个弄伤了怎么办？他们玩得嘻嘻哈哈，你就像欧洲杯决赛场上的裁判，两只眼一秒钟都没放松过。

然后很快地，小的开始哇哇大哭，大的跑过来道歉："妈妈对不起，我把妹妹的手给夹了。就夹到一点点，她为什么哭

第四回合 二胎家庭的修炼

这么大声?"废话,那是妹妹发出的警报,是她的生存法则。

要说一家三口的生活,我印象中一直有这样的片段:每次出门旅行的时候,我都要放弃一天中一个固定出行的时间段,其间小陈会带着儿子出去,我留在酒店或者车里写作;不然就只能等到艾文睡着后,小陈洗衣服,我打开电脑开始工作。

一家三口的生活,总是安排得那么有条不紊。一家四口想要找到平衡,可太难了。

艾文一岁的时候,我去办过一张独生子女证,那时心想,孩子一个就够了。我也是独生子女,我这辈子从来没觉得有什么孤单、寂寞的时候。小时候非独生子女才是异数,上到高中时,同桌说她还有个姐姐,因为生下来有先天性心脏病,按照政策,爸妈还能再要一个。

哇,还有一个姐姐!这样的人生是怎么样的?我想象不来,就跟想象不了家里有头大象怎么生活一样。

艾文做了七年独生子女,他身上那些可恶的毛病,跟我小时候一模一样,浑身上下流露出一股家里好东西都该留给他的理所应当。他对大人都很不客气,经常不礼貌地说:"奶奶,帮我弄一下。""妈妈,这个东西给我好吗?"小陈听到就骂儿子,怎么这么自私,不替别人考虑。

我叹了口气,因为独生子女,从小就是把自己当成宇宙中心长大的嘛。

妹妹不会,妹妹经常观察哥哥。哥哥去夏令营了,她在家里扶着玩具,发出咔咔的声音。她生下来就有哥哥,哥哥是世界的一部分;就算哥哥不在家,但是到处都有哥哥的影子。

很神奇,艾文小时候,对于拿不到的东西,会哇啦哇啦用哭表示不满。妹妹可能看多了艾文无谓的哭号,她看到别人手里的东西,只会闷声不响默默争取。有时带出去玩,大人还没回过神,妹妹已经稳准狠一把抢过对方小孩手里的东西。她是老二,必须要靠争抢才能拿到东西,这是出生时就开始存在的规则。

艾文一走,就像家里的主心骨走了一样。妹妹还没到吃大人饭的年纪,我和小陈每天对付着吃咖喱牛肉盖浇面、泰式猪肉盖浇饭,显示出现代家庭生活的内在核心:孩子不能将就,大人凑合过过就行。

一家三口的日子虽然如此舒爽,还是不免思念远方的儿子,不知道他那里太阳晒吗?雨大吗?身上被蚊子叮了吗?缺了艾文,怎么能叫完整的一家呢?不过父母的心情可能都是这样贱贱的:孩子在家的时候百般看不顺眼,出门了心中默默写起思念的文章。再次见面的时候,肯定还是悔不当初。

如果有为期一个月的夏令营,我想试试是什么滋味。

一个全职爸爸，最多等于半个阿姨

电影《波特小姐》里，有一幕很打动我。波特小姐其实是英国贵族出身，小时候每天由保姆带着吃喝玩乐，她妈妈总是忙着折腾舞会和家里的布置。有一天波特小姐和弟弟临睡前，爸爸正好回来，给小孩一人一件礼物。波特小姐接过礼物说谢谢爸爸。弟弟也接了礼物，正准备转身跑上楼的时候被保姆拽住，保姆给他使了个眼神，小男孩心领神会，乖乖说了一声"谢谢爸爸"。

啊，要是有个这样的保姆该多好。

理论上，我应该过着这样的生活：作为一家之主，每天精神抖擞起床，下楼吃一顿精致的早餐；阿姨带着宝宝过来跟我玩五分钟，之后我尽可以放心地把宝宝交给阿姨，开始一天的工作。

实际上,妹妹五个月的时候阿姨走了。犹豫再三,我一直没请带小孩的育儿嫂。我想我不是有全职爸爸吗?自从艾文去了夏令营,小陈成了真正的二胎全职爸爸,他甚至拒绝了我爸妈的援手:"不用不用,我一个人带得挺好的。"

我妈非常开心,开始没日没夜地打麻将,要把以前的快乐都补回来。我有点不开心,众所周知,一个人虽然可以带小孩,但意味着另一个人需要时不时给搭把手。这就是在家工作的一大弊端。

每当我写不出来的时候,总喜欢在家里转来转去,每次小陈看到我都会抓住机会:"你写完了吗?那你来看下小孩,我要去做午饭,洗小孩衣服,去物业拿东西,卤一下牛肉……"总之每件事情听起来都比我的写不出来更重要、紧急。

他说去处理下,马上回来。但是作为一个正常人,他处理完了琐事后,还想喝口茶,吃点水果,刷刷手机。他不像阿姨,阿姨总是有眼色的,一看我有事要走的样子,立刻跑上来把孩子接过去。

这人不仅没眼色,还比阿姨凶。

九个多月的妹妹,现在开始有了点分离焦虑,表现为每次自己好好玩着,一转头看到我立刻哭着要抱。民间有句俗语,

第四回合 二胎家庭的修炼

叫"孩子见到娘,无事哭三场",就是这么个情况。

一到下午,小陈会一个人带孩子出去玩,我对这种活动表示支持,但前两天外面乌云压阵,风一阵又一阵吹过,他依然要带孩子出门,我就有点不明白。听着远方雷声滚滚,眼看就要暴雨倾盆,就那么必须出门吗?

小陈说是的,他必须现在去,下雨有什么关系,又下不到他头上。我转身看到小陈新买的杯子已经装了满满一杯水,想必是忘了拿,立刻眼巴巴送过去。

没想到小陈大喝一声:"不需要。"妹妹看到我又瘪了嘴,我明白了,她肯定不想出去玩,留在家里多舒服。这时小陈大喝一声:"你不要耽误我工作!"我拿着水杯走了,越想越生气,如果是阿姨,会这么吼我吗?一气之下,我把水杯里的水全喝了。

到晚上才知道,那杯水是小陈洗杯子用的,怪不得他说不需要。这种又悲又愤、好像灰姑娘一样的心情,有谁会懂呢?

阿姨还在的时候,虽然妹妹一个白天吃好几次奶,但很神奇的是,当时我依然可以出门逛街,跟朋友吃饭,去电影院看个电影。朋友们纷纷夸赞,你这跟没生也没什么两样啊。

阿姨走了,小陈上岗。小陈的策略是这样的,每次我说要出去干什么事,他都会坚定地表示:"那我带着宝宝一起去。

你进去看电影,我带宝宝在外面逛。你去逛书店,我带宝宝在门口等着。你想出去吃,可以啊,我们一起去。"

我做不到,一想到我女儿眨着小眼睛在外面等我,不管买书还是逛街,我都像丢了钱包的人一样失魂落魄,毫无心情——不行,还是出去看看他俩怎么样了。

他俩也没怎么样,妹妹本来正在东看西看,一看到我,总会瞬间摆出一副跟我久别重逢的表情,让我觉得赶紧回来是对的。

一到晚上,我和小陈就变成了真正意义上的同事。

在每个妹妹理应睡着却生龙活虎的夜里,我们坐在车上,一圈又一圈遛着我们居住的小镇。好几次说,要不去外滩算了,她不睡,好歹我们可以去看一圈夜景。但是中途总有人打消主意:"算了,她马上就要睡了。"

有一次我坐在车后座,看着安全座椅上依然精神抖擞的妹妹,跟小陈说:"如果有个阿姨,我们是不是不用过这种生活?"阿姨在的时候,总是看着小孩差不多要睡了,抱过来吃奶,如果不睡,她又抱回去继续哄睡。阿姨的工作就是带小孩,她完全没有心理不平衡。我和小陈都等着妹妹赶紧睡着,这样才可以开始真正的生活。

真正的生活是什么?只要不是伺候小孩,干什么都觉得特别有意思。当然小陈不承认这一点,他声称带小孩挺有意思的。只是每次他带不了多久,就会扛着妹妹上楼,跟我说:"她困了,她要睡了,她这次肯定要吃奶了。"小陈很迷信睡眠信号,每次妹妹开始哭、抓头发、不耐烦、没精神,他都判断:是困了,要找妈妈了,绝对没有错。然而基本上百分之九十都是错的,他对小婴儿的伎俩一无所知。每次我抱着妹妹又去找小陈的时候,他一边吃着水果一边有几分无奈:"怎么又'退货'啦?"

每天早上起来的时候,我们都是慈父慈母,但是等到晚上九点过后,都变成了甩锅大师。一个说,爸爸来带啊;一个说,她肯定是困了,要找妈妈了。

我经常时不时地想一想,是不是只有阿姨负责带小孩,妈妈才会有最纯粹的母爱?全职爸爸正像很多全职妈妈一样,看到待在家的另一半,恨不得颐指气使:"没看到我在带孩子吗?还不赶紧过来帮忙!"

但是一切都来不及了,选了没有阿姨的路,就再也回不了头了。全职爸爸,最多最多只能当半个阿姨用,不过看到小陈忙来忙去,我又觉得这一切很值得。

我们就像在泥地里顽强往前走的两头驴,应该是有一点点革命友谊的吧。

孩子生病，你这妈怎么当的？

过去一周堪称艰苦绝伦。

五天前我女儿发烧了。如果我第一次当妈，我肯定很惊慌失措，这么小的孩子，怎么就发烧了呢？但鉴于是二胎，这又已经不是妹妹人生中的第一次发烧，我淡定了许多。上次着急忙慌去医院，医生笑笑说："精神状态这么好，可以在家多观察两天。"

这次她看起来依然生龙活虎，第一天吃得挺多，笑得咯咯咯。我心想，大概是传说中的幼儿急疹吧，一种婴幼儿常见病，通常会发三四天三十九度至四十度的高烧，只要还能玩，还吃奶，就没什么问题。但毕竟是高烧，烧起来的时候，难免不舒服，哭哭唧唧，一直挂在我身上。

第四回合 二胎家庭的修炼

她高烧这几天,我就像打了两份工,夜以继日地对付她的哼哼唧唧,喂奶次数直线上升,逮到间隔时间就抓紧干点活,看看奥运会。

最难熬是每天凌晨三四点钟,大人最困的时候,妹妹忽然醒了,因为吃太多,猛地吐一口出来。跟她半岁以前一样,我只好抱着她去卫生间擦洗、换衣服,小陈换床单、换被罩,然后来回哄着睡觉。实在扛不住的时候,我先睡着了,醒来的时候不知道她什么时候也睡了,一摸额头,还是滚烫。

明明知道发烧是正常的,这就是人类幼崽慢慢战胜病毒,建立自己免疫体系的过程,心情难免还是会跌宕起伏。七十二小时的最后几小时,差点就挨不过了,妹妹凌晨三点多醒了后一直哭哭唧唧,看她反复折腾不睡觉,我和小陈一个眼神,直接上车哄睡。

没想到上车后哭得更厉害,我们决定回家收拾收拾去医院。回到家门口,妹妹又不哭了,她好奇地看着天空中的朝霞,试探性用手抓着家门口的绿植,好像在说,刚才我就闹着玩玩。早上五点钟,小陈在门口推着车带妹妹散步,几小时后她从高烧转为低烧,没再吃过退烧药。一天后,终于见到了传说中的疹子。

这个过程虽然备受煎熬,不过让我最难忘的还是两句话。

其中一句话是网友说的。我在网上记录了一下妹妹发烧,有人问:"不是母乳吗?怎么孩子还老生病?"隐隐好像蕴含着一种责备:都母乳喂养了,孩子应该抵抗力强,你到底做错了什么让她得病了?

另一句话是我妈说的。我妈带着探讨的语气,在妹妹高烧时忽然说起,她邻居家的小孩怎么从来不生病?隐隐又蕴含着另一种责备:别人的小孩都带得好,你的小孩,你怎么带不好呢?

虽然小孩生病是一件再常见不过的事,好比天要下雨这么简单,但每次有点头疼脑热,妈妈作为养娃项目第一负责人,总是备受指责。所有人的眼睛都看过来,就一个眼神:你怎么搞的?

紧接着就是对母亲的全盘否定:你看,你做的那些都是错的。

你带小孩出去玩是错的,外面细菌多、病毒多,怪不得他要感冒;你给小孩少穿是错的,穿这么少,风一吹能不感冒?袜子都不穿,怪不得要发烧;你在家里开空调也是错的,空调吹多了,自然小孩就得病了;就连你给小孩吃了一口冰激凌,那肯定也是错的,肠胃着凉了,所以高烧三十九度嘛。

妈妈忽然一下成了罪人,因为很多人觉得,小朋友怎么会

第四回合 二胎家庭的修炼

无缘无故生病？一定是你这个当妈的做错了什么。

最神奇的是，这些人会不断地告诉你，他的同学、亲戚、朋友家的小孩，真的活到成年都没发过一次烧、得过一次病，从小到大从未有过任何头疼脑热——"不像你们家孩子，怎么上次发烧了，这次又发烧了？"

他们很会挑你的毛病。如果你喂奶粉，就说，小孩可怜哪，妈妈的奶都吃不到，所以老生病；如果你喂母乳，又说，喂母乳了还生病，喂母乳有什么用？都是当妈的在自我感动。总之，你喂什么都有错。你要是上班，那就是当妈的没空带小孩，所以病了；你要是在家带小孩，肯定会被骂，一天到晚看手机，小孩生病了都不知道。

此时亲妈最好配合做出一副悔不当初的神情，表情必须包含着心痛、悔恨、自责。如果你跟我一样，觉得生病没什么，既然是常见的高烧，医院也不用去，在家好好观察即可，那可能更要被扔到受刑台上。

什么？！孩子发烧了，你当妈的不带去医院？你好大的胆子。

妈妈越镇定，旁边的人越不镇定。这个人可能是奶奶，也可能是外婆，更可能是邻居、亲戚、完全没见过面的网友。每个人都因为你的不紧张变得很紧张，甚至很生气：小孩都这样了，还有心情看手机？

这时候镇定自若的亲妈仿佛是个千古罪人，所有人都在责备这个母亲。虽然你明明是整个过程中最辛苦、最累、最忙碌的一个，但骂你就对了，最好要骂得你心慌意乱、慌不择路，立刻抱着小孩冲到医院去。就算孩子病好了，这些人也没觉得是妈妈的判断正确，而是小孩子争气，自己扛过来了。

这可能是我当妈后发现的最奇怪的事情——明明当一个母亲已经是最辛苦的事，为什么还能被所有人这么挑剔？

我小时候经常生病，等到十几岁不再生病，我妈经常翻来覆去讲，当年我生病的时候她有多么慌张、多么辛苦、多么劳累，甚至有几次着急得去问大仙求香灰水。

那是一段有点灰暗的回忆。连绵不绝的下雨天，人烧得难受，只记得我被带到小镇卫生所，赤脚医生拿出那只可怕的针筒，往我屁股上一扎；睡觉前我妈掏出一个红纸包，把里面的香灰抖进水杯里，一边搅拌一边叫我别乱说话，快点吃下去。

成年后我一直心想，为什么呢？为什么女人要被逼得这么辛苦、这么慌张，做这么多无用功，来显示她是个好妈妈？现在我好像有了答案，不管医学如何进步，如果一个妈妈不跳脚，群众就认为，你这个妈不行。

一切都是形势所迫。反正怪一个女人，是天下最容易的事，不是吗？

_第四回合 二胎家庭的修炼

> 跟全职妈妈比，他好像一个废柴

助理问我愿不愿意去北京出一趟差，我心想太好了，这有什么不愿意的？唯一的问题是一周岁的女儿还没断奶，需要跟着一起去。

小陈很开心，他比谁都盼望出门。这让我又一次赞叹自己的英明决定，要不是让小陈做了全职爸爸，出差的时候小孩谁管啊？

出发前一小时，他煮了八根玉米、一锅鸡汤，然后用真空塑封机把所有东西都塑封起来，放在桌子上一一展示，里面还有小包装的米饭和排骨，让我无比赞叹："专业，太专业了！"

行李箱托运后我忽然想起来："喂，你那个塑封的鸡汤，外面有没有再套个袋子？"小陈摇头："不会漏的。"我足足担心了两小时，放在旁边的真丝衬衫会不会沾上鸡汤——多说一句，那八根玉米，最后妹妹一根都没吃。

两个多月前，小陈偶尔发现，只要给妹妹手里拿一根玉米，她就能安静地坐着。从此玉米成了居家旅行生活必备品。没想到才两个月，玉米已经不好用了。那八根玉米，我啃了一半，小陈啃了一半。一边啃一边觉得太不够都市丽人了，谁出差会吃从家里带的熟玉米？

我出差的项目只需要半天。第一天晚上到北京，妹妹在飞机上睡了一路，到酒店精神奕奕，一点困的样子都没有。我们判断她最迟最迟十二点肯定睡了。

十一点多，我开始喂奶，小陈开始点外卖。十二点，烧烤来了，女儿也醒了，她睁着眼睛跟我们一起吃烧烤。凌晨一点半，终于睡了。

这时我想，明天办完事不如赶紧回家。小陈说："来都来了，多住一天吧。"同时他又幽怨地说道，自从回家做全职爸爸，现在上北京，他已经没有认识的朋友了。我很积极地跟他说，这次就是试运行，只要我们一家配合得好，将来想出差就能出差。但经过两天两夜的考察后，我对小陈的业务能力不禁打上了一个问号。

第四回合 二胎家庭的修炼

他掉的第一次链子是在飞机上。

下飞机前他把所有垃圾都扔在一个星巴克的纸袋里,我拿起袋子瞅了一眼,里面俨然有一只妹妹的水壶。嗯,是上个礼拜新买的,因为上周刚丢过一个。我问他:"这袋东西都不要了吗?"小陈很自信地说:"不要了,都是垃圾。"我又问他:"你再仔细看一遍?"他说都看过了。当我从纸袋里拿出妹妹的水壶时,他看我的感觉好像我是魔术师。

这逼得我下车就开始追问:"妹妹的睡袋带了吗?长袖带了吗?尿布带够了吗?"小陈对每一个问题都坚定地回答,带了,都有。随后问我:"你还有什么要问的?"我看他充满自信的样子,又觉得自己没有找错人。

到酒店洗漱后给孩子换睡衣,小陈带了件秋冬睡衣,还是妹妹半岁时候穿的。我说为什么要带这件?他说:"不是你说北京挺冷吗?"他总是在我表示质疑的时候反驳我:"我可都听了你的。"于是我只好自言自语:"这能行吗?捂出痱子怎么办?"

小陈说行的,没问题。

"为什么?"

"因为没有第二件了。"

妹妹一直折腾来折腾去不肯睡,会不会跟这件太热的睡衣有关呢？答案未知，我们还是对事不对人，就当她水土不服吧。

第二天为了小孩睡觉，换了一家酒店。这家酒店离天安门很近，我发愿，一定要带妹妹去一趟天安门。这缘于我小时候的一次遗憾。很小的时候我爸想带我去北京，结果那天晚上我发了高烧，后来看到爸妈在天安门前笑嘻嘻的合影，心中总是生出几分遗憾，那张照片上应该有我。——必须让妹妹去天安门拍一张照，弥补下我的童年遗憾。

从酒店走到天安门这一路，小陈又开始掉起了链子。

刚走出来没多久，小孩在推车上扭来扭去，怎么都不如意。我抱起来就觉得不太对劲，怎么回事，这小孩今天的手感这么不一般，总觉得缺了啥。一看，嚯，尿布没穿。小陈一下笑得有点尴尬："忘了，刚才急着出门，就忘啦。"急忙找了一个角落，在三只野猫注视下，给妹妹穿上纸尿裤。

到天安门的时候已经是傍晚五点多，秋风一吹，好多人掏出了背包里的外套。我和小陈没觉得冷，妹妹穿着短袖，她觉得冷吗？看不出来。直到有人在我们面前抱过一个小婴儿，穿着棉的长袖爬服加一件棉背心，外面还包着一个小包被。我不知道那小孩热不热，但是我觉得妹妹肯定有点冷。

"给她穿件外套吧。"

第四回合 二胎家庭的修炼

小陈说好,然后在包里摸个不停:"咦,明明放了,去哪里啦?糟糕,不会放在上一家酒店了吧?我记得昨天还在呀……"

最终,妹妹没能穿上外套,又受到了路人的好心询问:"这小孩不冷吗?晚上天气凉啊。"

这天晚上跟朋友吃饭,我一口气讲了小陈所有的掉链子事件:要外套,外套找不着;要给小孩穿鞋,半天只找出来一只;忘记给她穿纸尿裤;差点丢了水杯……

朋友心惊胆战地说:"他这样你不焦虑吗?"哦,那我倒不焦虑,他没做好我干吗要焦虑?

半夜三点,我去上洗手间,妹妹睡在我和小陈之间,我拍了下小陈说:"你看着她点,我去上个厕所。"等我回来的时候,猛然看到一个黑影从床上翻了下去。小孩翻下去了,哭得嗷嗷的。小陈醒过来问我:"她怎么哭了呢?"我心想要是我也有他这个睡眠能力该多好,一定能老得慢一点。

终于,结束了为期两天的出差,我们一家踏上回程。

从出租车上刚下来,小陈摸了一遍口袋,说:"我手机呢?我手机不见了。"妹妹在推车上啃着黄瓜,朝我笑得天真烂漫。我们又在首都机场外面等了十分钟,好心的师傅给送了手机回来。

_二胎记

我问小陈:"二胎后第一次出差表现成这样,你不担心你的业绩吗?"小陈坚定地摇了摇头:"一年也就一次落了点东西,我有什么好担心的?"后来他又冷冷地看着我说:"有本事你别掉东西。"

我悟出来一件事,如果男女能互换位置,最大的好处估计是,我们都停止了内卷。在全职妈妈这个领域,能干又出色的妈妈实在太多了,连做饭都能内卷到米其林级别;但换了全职爸爸照顾小孩,他只要肯用心带,丢点东西的确不算什么——孩子好好的就是最大的成功。

另外,妹妹确实有了一张天安门前的照片,那张照片上三个人都笑得很灿烂。但我们没有经常展示这张照片,生怕在家上学的儿子提出不满:凭什么?凭什么这上面没我?——这又是另一个遗憾。

第五回合

一碗水端平？太难了

余生，请将自己修炼成一名端水大师

妹妹一岁了。所有人都感慨，时间真快啊。

是的，时间好快，经常有一种车已经开走了我还在后面拼命追的错觉。

妹妹能跟哥哥一起玩了，但我好像还没能完全建立起二胎思维，也因此吃了不少苦头。不得不说，都是活该。

上周我们一家四口出去吃面，考虑到妹妹吃不了外面的食物，出发前先给她喂好了饭，虽然她一点不领情，根本没吃多少。在拉面店里，我和小陈都点了一份微辣的面，要问为什么，可能是想给平淡的生活来一点点刺激。

艾文不吃辣，选了一碗清汤牛肉宽面。面端上来后我对艾文说："给我一根面好不好？我给妹妹尝一尝，万一她喜欢吃

第五回合 一碗水端平？太难了

面条呢？"只是一根面条而已，我万万没想到艾文高声拒绝："不行。"并且他迅速地护住了碗，说他可以全都吃完，一根也不打算分给妹妹。

当时我的第一反应是震惊，一根面条而已，为什么不能分？而且是那么一大碗牛肉面里的面条，既然明显吃不完，就分一根出来给妹妹嘛。

经过我和小陈的反复劝说后，艾文终于同意他可以给一根面。我把这根面挑出来，用筷子弄成小段，再拿着勺给妹妹吃，她吃得津津有味。

我转头跟小陈惊喜地说："她吃的，她爱吃面！"

小陈于是说："要不弄点汤给她试试吧？"他以迅雷不及掩耳的速度，从艾文碗里舀出了一勺汤，又拿着小勺分给妹妹吃。

在小陈低头忙碌给妹妹喂饭的这一阵，我看到儿子迅速拉出桌子底下的抽屉，拿出一只勺子，急切地喝了一口汤。他原来对这个汤根本没放在心上，但是妹妹要了，汤就变成了好喝的东西、要占有的东西、不能分享给别人的东西。

人类的欲望啊，从小就是这么简单，自己白得的，完全稀罕不起来，很多小孩甚至要爸妈追着喂饭才能完成吃饭这件事。但别人的东西，那都是好东西。儿子看不上的汤，妹妹喝了一口，他立刻想全部喝完；他吃不下的面条，听说妹妹想来几根，撑破肚子也要吃下去。

这件事最合理的解决方式，就是给妹妹点一碗自己的牛肉面。可她不过就是一个一岁的小宝宝嘛。幸亏妹妹对汤拒不接受，面条也开始噗噗噗吐出来。艾文看到妹妹不吃面条，扒拉几口后，说他已经吃饱了，剩下半碗面。

这件事让我记了很久。艾文当了七年的独生子女，去年开始，他要逐步适应生活中出现了一个妹妹。

实话实说，我自己都没怎么适应。有一次在床上，我准备带妹妹睡觉，艾文爬到床上，两个小孩并排躺在我旁边，在某一个瞬间，我深感不可思议，这两个孩子竟然都是我生的。

跟朋友说这事，她说："你是觉得自己很了不起吗？"那倒不是，主要是对自己创造了两个活生生的人，很震惊。这两个小孩代表着无数的不确定性，我竟然就敢生出来了。

绝大多数时候，我不是没想到公平公正，是完全没来得及想。

前两天带妹妹去北京出差，一路艰难险阻，好在一一克服。奥特曼打赢怪兽，嗖一下飞回宇宙老家，落地的时候忽然想起：糟糕！我忘了我还有个儿子，没给他带礼物。

这事放到以前，肯定不会发生。之前我只有一个孩子，如果一个人出差或者旅游，闲下来的时候总有时间想想儿子：他在家里乖不乖？闹了吗？在机场随便逛逛买点小礼物，一点不

第五回合 一碗水端平？太难了

困难。但在外面带着一个要吃母乳、换尿布的小婴儿，她一嗷嗷叫起来，你脑子里什么都忘了，只有一个指令，赶紧撤！

撤撤撤！

我一直没想起艾文来，直到回上海，一到家我妈就问："你给你儿子带礼物了吧？他说你们肯定给他带了。"这是二胎后我第一次出差，我还真的什么都没带。

艾文一回家，冲到我面前说："妈妈，你给我带礼物了吗？"

我在脑海中朝自己吐了口唾沫：你这妈妈实在差点意思。我那些家有二胎的朋友，贡献出了自己最简单粗暴的经验，买东西必须一式两份，千万不要觉得这个没必要，那个不需要。可买给妹妹的裙子，怎样给哥哥带一份？给妹妹办的周岁宴，怎么让哥哥体会到他也办过？

妹妹的百日宴，艾文因为妹妹有红色唐装穿，自己却没有，气得大哭。妹妹的周岁宴，我提前给他买好礼服，准备好领结，还安排他登台表演小提琴，结果他还是气得大哭，因为人人都在夸"妹妹好可爱"，他演奏小提琴的时候，有人忘了鼓掌。艾文在角落里号啕大哭："都没人真的听我拉……"

人生好难。孩子，哪能所有人一直围着你打转呢？

一碗水端平这件事，虽然我有主观上的意愿，却一直存在客观上的具体困难，不是不想，是有时候想不到，有时候懒得想。

有时候我甚至在想,让小孩遭受一点挫折也挺好,他又不是宇宙中心,干吗都要围着他转?而且一胎通常都是脾气大的小孩,他刚刚降临人间的时候,围在四周的大人都是毛毛糙糙的新手,他一哭,所有人手忙脚乱,不知不觉,哭就成了一种语言。

二胎不一样,妹妹出生的时候常常嘴角带笑,越长大越爱笑个不停,别人夸她"好可爱",她笑得更开心了。哥哥用哭来吸引大家注意,妹妹用笑来为自己拉票。不知不觉,大人总会有点偏心,谁不喜欢笑嘻嘻的小孩?

这时脑海中的我又暴揍了自己一顿。二胎思维,二胎思维,怎么老是记不住?!

朋友,如果你打算生二胎,一定要全面建立好二胎思维。既然有了二胎,余生都必须把自己修炼成一名端水大师,时时刻刻记得抚慰老大的心灵,保障老二的需要。

我活了三十多年没学会巧言令色,这一次,孩子又教我洗心革面,重新做人。

第五回合　一碗水端平？太难了

给我一周岁的女儿

妹妹一周岁体检,医生看着她的生长曲线表说:"不错不错,你看出生的时候也不大,现在身高、体重都是女宝宝里的前几名。"我点点头,有点欣慰。

去年这个时候的事情,一下历历在目。去年九月底比现在要冷一些,那天晚上我有点焦虑,都快预产期了,怎么宝宝一点动静都没有?晚上十一点,我跟小陈说:"出去散散步吧,听说这样可以早点生。"走了一万步回家,肚皮开始有规律地阵阵发紧,也没觉得多疼。

我一点儿也不懂,到底这是要生了还是不生?打电话给医院,护士说:"来检查下吧。"

照理来说,生二胎应该比生一胎熟练。但生儿子的时候,破水得很突然,他提前二十多天来了。还记得第一次生小孩,是在黄梅天,外面气压很低,天气闷热,时不时下一场大雨。儿子是这种季节来的,脑海中想到当年的事,一件件都很辛苦。

第二次生小孩,到底比第一次悠闲一点,拿了一只旅行袋,轻装上阵般出发了,心想没准还要回来呢。直到医生检查后说:"嗯,马上就要生了,不会超过早上,你二胎,生得快。"

妹妹的确是在早上出生的,过程并没有太撕心裂肺,最让我印象深刻的一点是,她的头刚刚露出来时,医生说了一句:"头出来了,像爸爸。"

我的心一下凉了半截。怎么回事?所有人都说儿子跟爸爸一个模子刻出来,为什么换个性别,到女儿还是这样?我在孕期时总在心里安慰自己:这次跟上次比,各种反应都不一样,没准这个娃娃会长得像我。刮开彩票这一刻,又看到了四个大字:谢谢参与。

妹妹生出来的时候,红扑扑的,像只小猪仔,不像艾文,被护士拎出来时像一只丑丑的小猴子。她比哥哥的出生体重足足重上半斤,不过也还是小小的,只有五斤八两。

生完了心情很兴奋,护士跑进来对我说,多休息,多休

第五回合 一碗水端平？太难了

息。哪里睡得着，我让小陈把妹妹推过来，翻来覆去看：哇，脸上的毛可真多啊。哇，她的手脚都好大。哇，她的眼睛比哥哥还小呢……五斤八两的妹妹，脑袋跟一个大苹果差不多。

跟哥哥不一样的是，妹妹笑的频率很高，经常睡梦里无意识地笑出来，让人看了心情很好。她几乎不怎么哭，偶尔大哭，我们都会提高警惕：怎么回事？她今天怎么会哭了？

抱回家的时候，亲戚来看她，一抱起来，妹妹就笑了。亲戚开心极了，说："今天运气真好！"那时候妹妹已经像充了气一样变胖起来，眼睛更小了，看过的人无一不说：跟爸爸一模一样。

周岁宴的时候，我姑姑盯着妹妹，忽然来了一句："和你小时候一模一样。"我不信，或许这只是安慰。

现在想来，她刚出生的时候，我最盼望的就是一年之后。

一年之后，肯定断奶了，这回无论如何，喂一年母乳就完全足够了，母亲的义务已经尽到了。给艾文喂两年奶，给妹妹喂一年奶，加起来整整三年。人生有多少个三年？三年时间每天晚上都睡不好觉，提心吊胆看着旁边熟睡的孩子，是种什么样的滋味？

我是不要做这种有牺牲精神的母亲的。但是妹妹成功把我洗脑了。

或许这是人类幼崽自带的一个功能，当你下定决心这次要好好为自己活一次的时候，她就开始绽放她可爱的笑容，不知不觉吸引你，让你恍然间臣服于她的脚下。

算了算了，你这么可爱，多吃一会奶就多吃一会吧。

真的，她在别人眼里或许是个顶普通的小孩，但我每次越看她越觉得，真可爱，可爱到不像我的小孩。她怎么每天都笑眯眯的，她怎么进步这么快，她怎么爬起来的时候跟小动物一模一样。

她让我觉得，我的自由和自我并没有那么重要。

虽然偶尔也会想，如果这个时候断奶了，我该有多么快活，要自己一个人去住奢华酒店，开一瓶香槟，喝到醉眼朦胧。然后去外滩散步，一直走一直走，再也不担心宝宝是不是要醒了，她要喝奶了怎么办。或者干脆去一次新疆，痛痛快快玩上十天半个月，把孩子的事情束之高阁……

刚写到这里，窗外传来妹妹撕心裂肺的哭号声。她最近学会了走路，有时一不小心摔跤，哭得半个小区都能听见。

不知道从什么时候开始，妹妹会哭了，哭得非常大声。阿姨在的时候，她从来不哭，总是那么满足。阿姨走了，妹妹逐渐学会了哭，哭了，大人才能注意到她，不然人人都忙着自己的事。

第五回合 一碗水端平？太难了

但妹妹还是很开心的小孩，自己玩的时候也会大声笑出来。跟哥哥小时候一点不一样，艾文是个很警惕的孩子，出去玩，刚放下来一秒钟，他就开始回头找妈妈，我一走开，他立刻哭个不停。妹妹没有那么警惕，大概基因里察觉到了，自己是老二，可以放松一点，爸妈不至于那么糊涂。

在她刚出生的时候，我一直盼着她一岁这一天。等真的到了一岁，我又盼着明年的秋天。

体检医生一副为难的样子说："吃到周岁，也是可以断奶了。但是她牛奶蛋白过敏，现在断了，吃什么呢？"我附和着："对啊，吃什么呢？喂了水解奶粉，统统吐了。"

她看着我，我看着她。最后我说，我愿意继续喂。她释然了："那就多喂喂吧，你看你的小孩长得多好。"

我的小孩把我洗脑成功了，在没生她之前，我费尽心机要做一名精致女性，喝黑咖啡，吃高蛋白蔬菜沙拉，衣服常年都控制在同一个码数。现在我变了，人人都说我变慈祥了。都双下巴了，能不慈祥吗？买衣服的时候总是先开口询问："请问，有 XL 码吗？"

我觉得自己不该一路放纵下去，但看到女儿的时候，又彻底心软。没事的，我愿意。在人类幼崽面前，我不过就是一个执行生殖任务的雌性物种罢了。

但是她又给我好多快乐,那种让你觉得一个新世界在冉冉升起的快乐,她每踏出的一小步,都让我欣喜若狂。

一岁了,她的世界更加丰富又立体,开始知道拒绝,知道出门,知道指着衣服上的花、草莓。有一天我急着出门,把她放在地上,蹲着戴上一只珍珠耳环,她忽然开口笑起来,并且凑过来拿手狠狠摸了一下。

她也知道好看的,我像无数的妈妈一样,对她许诺说:"以后都是你的。"想了想又开始嘲笑自己,人家二十多岁的时候,没准什么都不在乎,不要珠宝,不要裙子,是个骑机车的短发少女。

不管怎样,妈妈都支持你。希望你永远快乐。

第五回合 一碗水端平？太难了

见识过二胎争霸后，我同情起了贾环

儿子病休在家的一天，一大早爆发出了激烈的争吵声。

当时我在床上睡得迷迷糊糊，听到院子里爆发出了某种非人类的尖叫，紧接着是他的咆哮和怒吼，还有我妈大吼他的声音。我太困了，挣扎了好久，楼下一直那么吵，只能爬起来，在阳台探头张望，想看看到底发生了什么事。

原来是因为秋千。

妹妹病了好几天，有一天我在朋友圈刷到我妈带妹妹出去玩的照片，她开开心心坐在一只婴儿秋千里，玩得很开心。当时就想，院子里不是有个秋千吗？反正儿子平常上学用不着，不如替换成妹妹能用的婴儿秋千。

秋千买回家后,妹妹病好了一些。我爸兢兢业业,第一时间把秋千挂了上去,哪知道小霸王艾文正好在家,看到自己的秋千被拆了下来,他心都碎了,大声高叫:"你们有考虑过我的感受吗?"话都说到这份上了,我妈还在劝他:"我给你在南面树枝上挂一个。"于是艾文更气,凭什么?为什么?他玩的秋千,干吗要挂到另一根小树枝上?

等到我和小陈站出来,我们非常统一,一致决定,赶紧换回原来的秋千。毕竟妹妹还不懂事,她困惑地看着大吵大闹的哥哥,不明白哥哥为什么像吃了炸药一样。

这种事情,每隔一段时间,都会在家里上演一次,以至于我最近看《红楼梦》又看出了新的感慨。原来觉得宝玉的弟弟贾环,怎么那么猥琐、那么下作,一天到晚想害人。现在再去琢磨,感到贾环这个二胎的待遇未免太差了。

贾政一共三个儿子,大的贾珠没了,宝玉是二爷,贾环是三爷。可惜三爷是庶出,跟二爷从来都不在一个档次上。

贾环第一次在《红楼梦》里被提到,是元妃省亲的时候给众人派礼物。宝玉和贾珠的儿子贾兰一个待遇,金银项圈两个、金银锞两对。贾环跟贾琏、贾蓉一个规格,赐表礼一端、金银锞一对。表礼一端,即衣料一端,跟金银项圈比,实在有点儿寒碜。

贾环寒碜的地方又岂止这些。宝玉有二十几个丫鬟、小厮

第五回合 一碗水端平？太难了

伺候着，贾府里有这种规模待遇的只有贾母。贾环则跟其余主子一样，只有两个大丫鬟、几个小丫鬟伺候。

贾宝玉开开心心搬去了省亲别墅的时候，他嘴上说着"男儿们不过是些渣滓浊沫而已"，却入住大观园最雍容华贵、富丽堂皇的院子——怡红院。不然带着二十几个仆从，哪里住得下？

宝玉平常睡觉，要"众奶母服侍宝玉卧好"，十几岁了，还有四个老妈子带他。贾环当然没这造化，还是跟他的亲娘赵姨娘一起住。贾环是庶出，但贾环的同胞姐姐探春也比他待遇要高得多，难怪贾环整天气得半死。

知道你们偏心，但偏心偏成这样，谁能心理不扭曲？

贾环害宝玉，最狠一出是拿了热油想要烫瞎宝玉的眼睛。以前看这出，只觉得贾环竟然心思如此歹毒，现在看看，又觉得宝玉实在有点过分了。

贾环被王夫人扣在房间里抄经书，一众丫鬟都不搭理他，唯独一个叫彩霞的把他挂在心上，不时劝劝他。宝玉来到王夫人房间，跟妈妈亲亲热热说话，又让彩霞来替他拍拍背。彩霞不大搭理他，两眼只向着贾环，宝玉便拉着她的手，说道："好姐姐，你也理我理儿。"

贾府阖家上下，就那么一个对贾环有点意思的丫鬟，这会眼睁睁也要被宝玉抢走。我也实在想不通，宝玉自己房里就有八个丫鬟,还非得惦记王夫人房里的,要吃金钏的胭脂,要彩霞对他亲热亲热。

这就相当于家里两兄弟,大的占尽万千宠爱,小的没人疼没人爱。好不容易有个人对小的不错,这大的还觉得:为啥××不喜欢我呢?大家都喜欢我呀。

贾环当然不是个东西,拿着热灯油就想烫瞎宝玉的眼睛。但贾环气成这样,还是因为他实在想不明白,都是爷,怎么他这个爷就比宝玉这个爷差这么多?大观园里这么多莺莺燕燕,都围绕着宝玉一个人转。

贾环是连丫鬟都看他不起,跟莺儿赌输了钱,被后者唠叨:"一个做爷的,还赖我们这几个钱!"宝玉并不缺钱,还经常有人送好东西来;贾环的月钱都是他的亲妈赵姨娘领,他身上能有几个钱?因为二爷和三爷的地位是如此悬殊,于是三爷只要有机会,便想尽办法要坑了二爷。

除了正出庶出,恐怕还有一点。

贾政一向对贾环不错,他喜欢赵姨娘,没事老在姨娘处留宿,但有一次,"贾政一举目见宝玉站在跟前,神采飘逸,秀色夺人,又看看贾环人物委琐,举止粗糙……因此上把平日嫌恶宝玉之心不觉减了八九分"。

宝玉神采飘逸,贾环猥琐,所以应了网红时代一句话:长得

第五回合 一碗水端平？太难了

好看的人可以坐火箭上升。连亲爹都不免如此，排出了座次。

整个《红楼梦》里，只有薛宝钗一人能做到公平公正，送宝玉和贾环一样的礼物。多年前看至此处，我心想宝钗这人心机未免太深了，连贾环这种小人都要照顾周到。现在想想，宝钗在二胎问题上，做到了罕见的一碗水端平。

古人如果穿越到现在，一定会被现在的二胎争霸吓到发傻。

秋千事件后，我妈忽然告诉我，她家隔壁小区，有个女孩因为爸妈生了二胎，要闹自杀呢。我打开手机，看到屏幕上有个小孩正在狠狠揍自己的弟弟。

刚想说谁家的孩子家教这么差？回头一看，家里两个小孩正在抢一个玩具，其中一个已经把手拍在另一个身上。

整部《红楼梦》从头到尾，都没出现过一碗水端平的事。独生女林黛玉发出了经典质问："是别的姑娘都有，还是单给我一人的？"得知别人都有后，她哼了一声，冷笑道："我就知道，别人不挑剩下的，也不给我。"

黛玉啊，穿越到二十一世纪，你看起来就没那么阴阳怪气、那么小心眼了。这里到处都是锱铢必较的孩子，他们渴望着起码的公平公正。

为人父母的造梦空间

前两天写了篇文章,主题是:父母不管如何努力激励娃,小孩不喜欢,始终不长久,只有找到他真正热爱的方向,才能有所收获。

有条高赞评论问道:"喜欢奥特曼算是哪一个方向?"还有人问:"喜欢打游戏怎么办?"潜台词似乎在说:你看看,喜欢这些东西,还能让他热爱下去吗?这能热爱出个什么结果来?

这种失落,通常在奥运会这种赛事的时候最为明显。别人家的小孩比如谷爱凌,十八岁什么都会,文能进斯坦福,武能得奥运冠军;比如苏翊鸣才十七岁就得了个冬奥会银牌,人家以前还是童星,以后更加前途不可限量。再看看羽生结弦,神一样的人物,得过两次冬奥会冠军,这次还要来做前无古人的挑战。一查,他是一九九四年出生的,已经封神了。看着这些厉害的人,你不会想:咦,我怎么不行?但盯着小孩,仿佛天然会有所触动:咦,他怎么不行?

没准他可以呢?

小孩七岁以前,都是父母造梦空前白热化的时期。我家老大已经九岁,我的梦醒了百分之九十九,他在体育上,可以说是不会有任何惊喜了。他七岁终于学会跳绳的时候,我一边感动一边如梦初醒,他的运动神经还真是不太发达。

老二现在一岁半,小陈天天做梦:"你说,她会不会是下一个谷爱凌?"

不过看了几天冬奥会比赛后,我对艾文没有运动天赋这件事,忽然从遗憾转变成了窃喜:哎哟,幸亏他没有,如果有,还真是让人不知所措。

冬奥会的比赛,以前压根没怎么关注过。这次看了好几场,一次是苏翊鸣的单板滑雪坡面障碍赛。看他连续翻着跟头,如腾云驾雾一般,在雪上飞来飞去,我只有一个感想:我的天哪,这身上没有任何保护措施,万一摔了怎么办?解说员及时解答了我的疑惑,他说场上几乎所有运动员都受过伤。

紧接着就有一名运动员,腾空翻了几个跟头后,一下屁股着地,从雪坡上急急滚下来。我不自觉地发出惊呼声,并觉得腰部一疼,心想这要是换了我,肯定半身不遂了。

这些从空中摔下来的人，竟然还能轻巧地捡起雪板，像没事一样再滑一次……

不管是看苏翊鸣的单板滑雪，还是看谷爱凌的自由式滑雪大跳台，但凡看到有人摔跤，我总是不自觉地像猴子一样嗷嗷叫起来："哎哟，没事吧？哎哟，看起来好危险啊！"

谷爱凌比赛那天，我跟爸妈一块吃饭。当一个女孩整个人摔到坡面上时，我们一家同时发出了嗷嗷的叫声。我妈非常担心："这摔一下得多厉害啊？"我爸就像每一个爱说教的男人一样，说："人家七岁就开始练了，专业的，你怕什么？"

如果你的小孩爱上了这种运动，你该如何面对你的恐惧？一想到这，我更加佩服谷爱凌的妈妈，她的坚强无与伦比。有人把小孩比作母亲挂在外面的器官，母亲希望小孩能一生周全，但这个暴露在外的器官，会像呼啸而过的子弹一样，令人竖起鸡皮疙瘩。我对冠军的母亲充满百分百的敬意。

之后看花样滑冰比赛。打开电视时，刚好看到一名意大利选手如王子一般，正在冰面上滑行。果然是贵族运动，人一踏上冰面，便仿佛加持了高冷与仙气，散发出与众不同的高雅魅力。

这项运动光在冰上滑还不行，在空中还必须像拧麻花一样，把自己拧起来又打开。我跟看坡面障碍赛一样想着：难，太难了，摔了怎么办？正这么想着，就看到被誉为神的羽生结弦，在做出一个 4A 动作后摔倒在地。哇，连"神"都会摔倒，而摔倒正是冰雪运动中最常见的一件事。

不管是花样滑冰还是短道滑雪，这些人比赛的时候，我看到他们脚下长长的冰刀，已经心中一凛：碰到了咋办？

还真有选手因为冰刀受伤。一位名叫朱易的选手，曾经有一次赛前训练时，起跳落地，左脚的冰刀扎在右脚的冰鞋上，冰刀直接扎入脚面——这该有多疼？

后来我还看了一篇文章，关于成为花样滑冰运动员的巨额花销，几乎跟比赛一样惊心动魄、扣人心弦：什么？运动员一双冰鞋要五千块。什么？一套高级花样滑冰比赛服至少两千美金。什么？花样滑冰至少要练十年才能有比赛水平……

文章还说，因为花样滑冰真的太烧钱了，而奖金回报率又很低，以至于很多职业运动员都要靠兼职甚至全职工作才能养活自己。一旦走入花样滑冰这条路，那就是举全家之力，努力往前走。

看完文章，我想到一个朋友的故事。

前两年艾文喜欢打高尔夫，小陈经常带着他出去参加比赛，每次收费都很贵，还有平常的训练费之高也是令人咋舌。尽管如此，既然小孩喜欢，我也只能一边抱怨一边买单。关键这孩子在高尔夫上可以说毫无天赋，老是打到倒数位置。

我这个朋友听说小孩在打高尔夫，忽然提起来说，他以前是高尔夫职业选手。我顿时对他景仰起来。本来以为他不过是个平平无奇的富二代,没想到还走过职业选手的道路。

可是干吗不继续做职业选手呢?

朋友说他爸很爱打高尔夫,他小时候一直被带着一起去,然后他爸发现:"咦,我这儿子有天赋啊!"二话不说,开始请教练买球杆,一轮一轮打比赛,最好的时候,世界排名一百多。

可是这个排名,离商业赞助很遥远,离奖金更遥远。他一直拿着家里的钱请教练、请团队、满世界打比赛,持续烧着家里的钱。

他的故事让我想起一部英国电影,讲述某个即将退役的网球运动员,最佳排名从没到过前十,前途黯淡,只能去网球俱乐部执教,没人拿他当回事。影片当然安排了巨大的惊喜,男主角越打越顺,出乎意料在最后一次温网拿下男单冠军。

但生活不是电影。我这位富二代朋友,烧了许多钱后,来到做决定的十字路口。虽然有天赋,却不是顶尖到世界前一百的天赋,这条路,只能走到这里。

当然,他从常年的职业生涯里得到许多。即便没有世俗意义上的成功,但是一路的比赛锻炼了他。他说那就是他的大学。

听完之后,我心想,我的儿子真懂事,他没有展露任何天赋来考验我：要不要花这么多钱放大他的天赋？要不要举全家之力支持他？幸好他只是一个平平无奇的普通人，跟我们普普通通的家境正相符。

对儿子只喜欢奥特曼感到惆怅的家长，应该开心才对。只要送小孩一张奥特曼卡片，就能让他拥有百分百的快乐，干吗要对这种快乐发愁？而那些选择艰难道路、身藏宝藏般天赋的选手们，对家长的考验也是史诗级别的。

要参与辉煌的世界级赛事，背后的付出或许压根不是我们普通人能承受的，要承受的不仅仅是金钱预算，也不仅仅是压力或伤痛。他们必须要像奥特曼一样，用视死如归的勇气来打败怪兽。

而我们，注定是为英雄鼓掌的观众。

一胎用力过猛，二胎恍然大悟

这几天，我一直在看一位动物学家写的书，名叫《所罗门王的指环》。他写得很诙谐，我经常读着读着忍不住笑出声，特别是在看到下面这段的时候：

"如果你能洞察动物的内心世界，你就不会把自己的感情强加给宠物，不会总觉得因为主人爱它，它就必须爱主人。这样你就能读懂罗宾鸟幽暗神秘的眼神，知道它只是一直在想一个肤浅的问题：天呐，我什么时候才能够吃到小虫子啊。"

我没什么养宠物的经验，但已经有了九年养小孩的经验，特别是最近，我第二个小孩开始慢慢从婴儿转变成一个会说话、会走路的幼儿之后，我总是忍不住感慨万千。每每看到妹妹的一些进步成长，我就像这位动物学家一样，开始洞察小孩

第五回合 一碗水端平？太难了

的内心世界。

幼儿非常需要家长的关爱，你爱他、安抚他，他就会用胖胖的小手勾住你的脖子，把肥嘟嘟的小腿放在你肚子上，他全身心地爱着你。但是，切记不要把自己的意志强加在他身上。小孩，真的不是你教多少、对他寄予多少希望，他就能回报给你多少的。

我在艾文身上，以惨痛的教训学到了这一点，并且经过我的观察，常常发现，父母会对第一个小孩用力过猛。不管教什么，都希望小孩能够尽快吸收。"我都这么用心了，你为什么学不会啊？"

一个朋友抱怨说，在老大身上花了九牛二虎之力，每次都被老大气得半死；在老二身上没花什么功夫，都是管老大的时候捎带管管老二，老二却优秀得让她大呼意外。

我甚至怀疑古人那句"有心栽花花不开，无心插柳柳成荫"就是来形容养老大和养老二的区别的。

我生第一个小孩的时候还年轻，当时心高气傲，有个特别简单的想法：如果我父母那样的水平都能培育出我这样的大人，那么我培养出一个比我又强一点的小孩，这再正常不过了吧？

做的第一件错误的事，是一岁多的时候送儿子去早教。

早教中心的人都说，一岁多已经有点晚了，错过智力开发关键期了。按照他们的说法，尽早送过来，尽早开发，智力这玩意就能被开采得多一点。但是艾文每次一进课堂都哇哇大哭，那时我以为他怕生，后来才知道，这是典型的分离焦虑，在高敏感、高需求孩子身上很常见。上了两三节课后，我妈说："退费吧，他什么都不懂。"我虽然有点失望，但是如释重负。

怎么说呢？我在艾文身上投射了很多希望：希望他能好好练练钢琴，别跟我小时候一样五音不全；希望他能学会打网球，做一个酷酷地在阳光下奔跑的少年；希望他成绩不用太拔尖，但至少是班里的中上水平。

在自己的小孩身上投射一些希望，实在太正常了。为人父母都是嫌自己能给的太少，创造的条件太少，哪有嫌多的？

我依次带着艾文去尝试了这些希望，发现他无一能做到，因为这都不是他的兴趣所在。但是做父母的发现希望破灭时，总是很沮丧，对自己的育儿乃至人生产生极大怀疑：怎么回事？为啥我的孩子什么事都干不成？

小孩其实是很难改变的，当一个小孩专注着他喜欢的事情时，你根本拉都拉不走。儿子三四岁的时候，非常喜欢去儿童游乐场捞鱼，一捞能捞一下午。或许就是在那个时候，他展露出了对自然的非凡兴趣。

第五回合 一碗水端平？太难了

按照洛伦茨的说法，一个人，只要他目睹了自然界固有的美丽，就再也无法离开。艾文很喜欢把毛毛虫捉在手上，朝我展示："看，多漂亮的花纹啊，真是可爱的小东西。"不用说，我每次都吓得半死。这兴趣绝对不会是我引导的，我们家没有任何人对毛毛虫展现过如此浓厚的兴趣。

如果我早点知道，小孩的兴趣爱好是不以大人的意志为转移的，那前几年我肯定会好过很多。我还发现，当你生硬地把他拽到一个课堂，告诉他"这是为你好"，他压根不会这么觉得，也不会乖乖照做。小孩子明亮的眼睛转来转去，只会想着一件事：天哪，我妈怎么还不放我去玩啊？

没生二胎之前，总觉得我这个妈当得有点失败，我儿子最热衷的事就是拿着网兜到处刨土。我不反对他刨土，但我希望他刨土的同时还能懂点琴棋书画。生了二胎，再次知道了，其实人类和小鸟一样，无法圈养。

我常常因为太忙，没办法好好带妹妹。跟一胎的时候拼命折腾不一样，二胎基本是放养模式。但一岁多的妹妹，不管说话还是走路，都表现得好极了。没有了大人在一旁瞎指点，她自由自在、野蛮生长。

有时她还会跟着她哥唱唱歌、跳跳舞。我想起一岁多的艾文，他那时被我放在早教班里，两眼茫然地看着早教老师唱歌跳舞，最后只能哇哇大哭。当年的我，真是何其愚蠢。

艾文很迷恋动植物，经常有人问我，怎么引导的？

不不不，这跟我没一点关系，是他自己发现了花花草草的乐趣。生拉硬拽是没有用的，并且我认为，其实绝大部分孩子都能找到自己的乐趣，问题就是，你是否承认这是一种正当的乐趣。

洛伦茨在《所罗门王的指环》里，一开始就提到了他的父母："我永远都感激我的父母，他们总是很有耐心。当我还处于学生时代时，曾一次又一次地把新的宠物带回家，而且新宠物往往比之前的宠物更具有破坏力。我父母为此也只能摇摇头，或者无奈地叹口气。"

艾文也经常把家里弄得一塌糊涂，最近他痴迷蕨类植物，每天大盆换小盆，卧室里到处都是泥水和土。可以想象，我和小陈生气了多少次。直到最近，我从抱怨改成了帮他稍微弄弄土；当他说想去植物园的时候，我说"好的，去吧"；当他在一片草地里兜兜转转时，我抑制住自己，不再催促他。

艾文不可控制地沉迷在大自然中，虽然未必能变成一个动植物学家，但至少，回想起童年的时候，应该是快乐的吧？这真的是我生了二胎后才恍然大悟的育儿方式。

第五回合　一碗水端平？太难了

令人崩溃的两岁，又来了

人类幼崽长到两岁左右，可以自由行走，也可以自由食用餐桌上的大部分食物，终于让成年人类松了一口气。不过，这时幼崽会逐步进入他人生中的第一个叛逆期，借此宣布，他才不是任由你摆布的低级生物，而是具有自己思想和意志的高级智慧生物。

我依然记得艾文的第一个叛逆期。那是八年前的四月，每天吃完晚饭，我父母会带着他出门，在小区散步一圈。每一次，他们总是朝东面出发，这样可以横跨整个小区。朝西面走，没几步就会走到小区大门，外面是一条对幼儿来说遍布危险的大马路，电动车和自行车在人行道旁边横冲直撞，喇叭摁得震天响。

艾文进入叛逆期后，说什么都不要往东走，尽管这是一条既定路线，很完美，没什么车，人也少。他大哭大闹，非要往西走不可，还非要走出小区，走到外面马路上。他才不管大人在想什么，他就想看看大人不许去的地方到底有什么。

我爸妈对此束手无策，我妈用松江话一遍遍重复着："死硬头筋，真是死硬头筋。"这句话形容一个人完全一根筋，不懂任何变通。

直到几天后他们才掌握窍门，只要一开始的时候说："今天往西走好不好？"艾文一定会回答："不要，去这边。"

"今天不要出门好不好？"——"要出门。"

"宝宝不吃饭好不好？"——"要吃饭。"

从此，你从一心一意哺育幼儿，走上了跟他斗智斗勇之路。印象中，艾文两岁时还行。不过我妈的说法很分裂：一会说，你儿子就是一根筋，从小就这样。一会说，他还是比较乖的，他比妹妹好糊弄。

妹妹是艾文的升级版。两三个月前，妹妹学会了说"不要"，当时我还觉得，她的叛逆期症状并不明显。妹妹真是个乖巧的孩子，很活泼，又很爱笑，不像她哥小时候，一天到晚哭个不停。

几天前，妹妹的叛逆期终于到了。这么说吧，这几天我一直过着支离破碎的生活，我不知道她的破坏力竟然有这么强。

第五回合 一碗水端平？太难了

明明已经做好了全部的心理准备,毕竟二胎了,理论知识有,实践也有,我还能对付不下来?

事实证明,每个孩子都有独特的、令大人崩溃的方式。

妹妹在小区里看到别的小孩骑着扭扭车,没多久她终于有了一辆。因为小区里的扭扭车,前面都有一个大人拉着,妹妹觉得这才是正确的骑行方式,她让我也拉着,只要我的手稍微放下来,她立刻大声哭叫。你得像只老牛一样,一直无怨无悔地拉着,直到她玩腻为止。这事谁受得了?但这竟然只是叛逆期里的一件小事,最多也就在家来来回回拉半小时嘛。

最崩溃的事,发生在半夜。妹妹有时半夜忽然醒来,她会在床上蹬着腿大哭大闹,一开始我很困惑,这是怎么了?后来我明白了,她嫌屋里太黑。她让我抱着下楼,这也是反复多次,我被调教出来的:我抱着她在床上,她蹬着腿差点要把我肚子踢穿;我抱着她在房间里走,她的哭声要把我耳朵震聋,魔音穿耳,让我想起红孩儿大闹火焰山——只有往楼下走,她才稍微消停一会。

总之,压根不是你说东她说西的事,而是她要把你的生活全盘打碎。她想怎么做,你就得配合着怎么做。你不配合她,她就用撕心裂肺的哭声闹到你妥协为止。

想象之中,叛逆期是一件值得庆祝的事。这是成长的标志性事件，我支持、理解、宽容，做好了一切心理准备：你要往西就往西，你要玩水就玩水，你要不洗澡就不洗澡。但是妹妹好像观察出来了，如果大人不表现得很为难，她的叛逆就不算胜利，她必须要叛逆得让大人跪地求饶，才算叛逆出了一定成果，才算真正成功的叛逆期。她得让我崩溃，才算一只成功的人类幼崽。

有一次我在网上看到，某日本少年，进入令人闻风丧胆的青春叛逆期，对着自己老妈喊了一声："死老太婆。"父母大喜过望，在门口点了串鞭炮，庆祝孩子进入青春期。少年又羞又愧，从此静悄悄度过了叛逆期。后来我发现，段子是段子，气死父母的方法，绝不只是叫"死老太婆"这一种。

你想着二胎照猪养，千万不要走上一次的老路。那是你的想法，但孩子都是独一无二的，前一个孩子让你受苦受累，后一个孩子就能让你快快活活？门都没有。

我的青春叛逆期很长，从十几岁一直延续到了三十多岁。直到现在，我还经常跟我妈对着干，凭什么她说什么，我就要干什么？笑话，我才不要。我妈在我小时候，经常跟我说："别看书了，眼睛太累了，你出去玩会吧。"我才不要，我就要把眼睛看瞎。她还说，别写那么多作业，少做点没关系。我才不要，就要把所有作业都做完。回想起来，可能这就是父母和子女的关系。你越是希望小孩做什么，他越是坚持自己的观点。

第五回合 一碗水端平？太难了

在妹妹好不容易午睡后的下午,我下楼看到艾文正在看一本闲书,忍不住教育他:"快期末考试了,我劝你还是抓紧点吧,考好了暑假就能痛痛快快玩了,考不好全家都要跟着倒霉。你说你是不是要冲刺一下,好好做点题?……"儿子的头没有从故事书上抬起来,但没忘记反驳我:"你能不能安静点?我在看书。"在他眼里,我已经彻底成为一名平凡、普通、唠叨个不停的老母亲。

从好的方面看,他们至少是一个接着一个让我崩溃,并没有一拥而上让我体验双重崩溃。做家长,可能是一场人间修行,得不停告诫自己戒嗔戒怒、戒骄戒躁。只是我修行不到位,修了九年,还是修不走头顶一片怒火。

作为孩子,我觉得家长可笑至极,我都多大了,怎么还在教育我该怎么做?

作为家长,我觉得孩子真不是东西,才这么一点点大,凭什么不听我的?

人,可真是奇妙的动物啊。

别人的生活扶摇直上，二胎妈妈的日子每况愈下

中午起床后饥肠辘辘，打开冰箱门站了许久，看了看最上面一格放着的黄油。

往常这个时候，我会喜滋滋地把黄油拿出来，用小刀切一块，拿出平底锅把这一块黄灿灿的东西扔进去。锅加热后，黄油散发出美妙的香味，这时再拿两片厚厚的谷物吐司，放在里面煎一煎。啊，弥漫着黄油香气的吐司，咬下去带着一点焦脆，再配上一杯加冰块的新鲜橙汁，冰凉美味。

今天想来想去，最终吃的是杂粮粥、炒茄子和朋友上次带来的宁波笋干。吃炒茄子时，我还思考了一番：是不是有点油？

清粥小菜，虽然爽口，但没什么满足感，一边吃一边想起小时候的夏天。这是属于八〇后独有的贫穷记忆，暑假的中

午，没有人做饭，只好拿茶水把冷饭泡一泡，冰箱里总有一盆昨天吃剩的炒茄子。那时一边吃着这种凑合的饭菜，一边心想一定要好好读书，将来挣好多好多钱，长大了就不用吃炒茄子了。我要吃很多好吃的东西，电视里的奶油蛋糕、黄油曲奇，通通都要。

小时候的我哪里知道，长大之后，人生还有很多钱解决不了的烦恼。比如说，当妈妈，第二次当妈妈，第N次得了乳腺炎，发烧到三十九度，浑身发冷，肌肉酸痛，一侧乳房像被熊瞎子踩过一样，疼，疼得绝望，但还是要坚持喂奶，因为这样才好得快。每次喂奶时我都会像电视剧里那些被严刑逼供的地下党一样，先倒吸一口冷气，然后咬着牙视死如归：来吧！

从前我也是一个很讲科学的人，知道哺乳期除了烟酒外无须忌口。本来喂奶就堪比劳动改造，在吃上面快乐一点总是可以的吧？吃点巧克力、桂味荔枝、奶油蛋糕。我压根不考虑会不会变胖，只想拥有那么一点点触手可及的快乐。

乳腺炎会让人丧失理智，也不想讲什么科学不科学。你会排查饮食生活中的每一个疑似"凶手"：奶油蛋糕看起来嫌疑很大，但是前几次也曾偷偷尝过几口，并没什么问题；荔枝是朋友从湛江快递过来的，鲜美多汁，一没忍住多尝了几颗，目前是最大"嫌疑人"。我已经发誓这个夏天绝不碰这些高糖水果。

别人告诉你:"吃这些都没关系的,我什么都吃,我从来不堵。"你一边笑笑,一边心里想骂娘。堵过的人生和没堵过的人生,怎么能相提并论?我也没想到,那么多没实现的人生愿望里——譬如事业辉煌,譬如环游世界,譬如拥有一栋法国乡村小别墅——现在又多了一项,乳腺畅通。

这时我已经像一个历经沧桑的人,心中只有七个大字:粗茶淡饭保平安。不是吃不起好的,是吃不了好的。原本以为人到中年,是物质生活的日益富足。现在想想,呸,我是每况愈下,再每况愈下。

周日家里招待亲朋来吃烧烤,一群人烤着滋滋冒油的牛肉串、鱿鱼串、五花肉串,我在旁边啃了一个白馒头,啃完之后又削了一根黄瓜。这天我发着三十八度的低烧,浑浑噩噩、昏昏沉沉、格格不入,只想多喝几杯水,这样或许会好得快点。

每况愈下的不仅是饮食,生活的方方面面都开始大幅走低。

生小孩前,我的车已经开了六年多,六年前这辆车还算亲朋好友里混得不错的,代表着我稍微有点奔头的生活。六年了,慢慢所有人都换了更新、更好的车。我也很想换一辆,当时想着等小孩生了再换吧。现在这辆车已经变成标准的婴儿哄睡车,每天晚上九点半,我和小陈抱着小孩上车,等待着她在安全座椅里沉沉睡去,再像做贼一样,蹑手蹑脚回家。我现在不想

第五回合 一碗水端平？太难了

换车了，怕万一换了辆车，频率不一样，婴儿睡不着怎么办？

再说房子，我曾经写过一篇文章，说二胎家庭只有两个朝南的卧室怎么办？一个朝南的大卧室给自己住，另一个小点的给老大住，老二怎么办？住朝北的小房间吗？当时有个二胎妈妈说："这还不简单？你和你老公住朝北小房间，两个朝南的房间让给他们住。"

当时我觉得匪夷所思，这怎么行？小孩什么时候可以爬到大人头上了？他们凭什么要当我生活的指导者？难道我就是给他们当牛做马用的？荒谬，可笑！绝不！

现在我的家庭情况是这样的，儿子还在朝南的小房间，老公已经搬去朝北的小房间，我和妹妹睡在朝南的大房间。不过有时候，我会在朝北的小房间睡一会，感慨只有这里才是真正睡觉的地方——在那个朝南的大房间，我不过是妹妹的喂奶机器，一晚上都要照顾她的仆人。

如果不是要喂奶，我挺愿意她一个人睡在那个大房间。朝北的小房间挺好的，没有孩子，一夜酣睡。这不过是一个很小的问题。

更大的问题是，有了妹妹后，我妈总是有意无意暗示我："你不会厚此薄彼吧？老大有房，老二也要有吧？"我很想反驳她，我是不会给老大留房子的，但是知道反驳也没有用，我妈肯定会说:"那你生他干吗?"

我妈希望我在同小区买一套同样的房子,最好平方数都是一样,做到真正的公平公正。虽然我一再明示暗示,没有钱。但她说:"你只要有这个想法,就可以慢慢实现嘛。"

一瞬间我的生活被安排得明明白白,先喂奶,喂完奶考虑如何加班加点,抓紧时间埋头写作给女儿挣一套房。我妈的说法略显庸俗,其实不用她说,我也会勤恳工作,至少要赚出女儿的大学学费,才能松一口气,觉得自己完成了历史使命。最近,我甚至听一个美国人讲,等你当了爷爷奶奶,你最大的兴趣爱好就是给孙子们花钱。

这被小孩支配的人生,看样子永远没个完。

第五回合 一碗水端平？太难了

> 儿子九岁了，开始质问我凭啥管他

今天是艾文九周岁生日，也就是传统意义上的十岁生日。一大早，我妈送来一个厚厚的红包，被艾文婉拒。据我妈说，艾文表示，送他一块钱意思意思就好了。我妈说："那怎么可以？这好歹是十岁生日，一辈子就这一次呀！"

在江南乡下，十岁是个大生日。松江人喜欢说"做十岁"，意思十岁生日可是要好好过一过的。亲戚小孩里有十岁生日的，会办一次跟周岁宴差不多隆重的喜酒：找个酒店，请十几二十桌客人，再隆重点，还要请司仪、小丑、魔术师，准备好回礼。

想到这么麻烦，提前半年我已经心烦上了，对大人来说，这事很不简单。朋友说："这还不简单？按照你儿子的喜好，包个农场给小朋友钓龙虾就好啦。"艾文的要求是，他希望每个客人送他的礼物，都是活的——活的蚂蚁也好，活的小草也好，只要是活的就行。

幸亏因为疫情，生日只能从简置办。他想要一个多肉植物蛋糕，邀请小区里的小孩做客，现在正在家里发出一阵又一阵尖叫声。儿子九周岁了，变成了一个性格和喜好都非常鲜明、大人绝不能左右的小孩。

一年前他写作文，说自己以后想变成一个花爷爷，住在温室里。当时看了忍俊不禁，原来这就是孩子的愿望，他希望从八岁到八十岁，都跟无数的植物住在一起。

昨晚因为几盆漏水的盆栽，小陈在家里跳上跳下，让艾文赶紧把盆栽移出房间。儿子的房间，经常到处都是泥和土。自从我看了《所罗门王的指环》后，已经心平气和接受了这种麻烦。只要养世间的任何东西，都会带来一定数量的麻烦——养小孩，应该算是破坏力最强的一种吧。

艾文满脸不情愿地捧着两盆盆栽下楼，我看着他脚步慌乱地走下楼梯，大概他当时还在想，有什么办法挽回一下？不知怎么搞的，他脚下一个不稳，两盆盆栽飞了出去，他也随之扑倒在地板上。我抱着妹妹，目瞪口呆地看着眼前的一切，摔倒的儿子、一地的土和陶瓷碎片。那些多肉植物飞得到处都是。儿子又哭了，九岁了，眼泪还是不争气地滚了出来。

他心疼这些植物，小陈从楼上下来，又暴怒起来，让他赶

第五回合 一碗水端平？太难了

紧收拾干净。后来看到地上斑驳的血迹，才知道艾文手被割伤了。小孩越养越野，身上经常有许多莫名的伤口：下雨天骑着滑板车出去摔了一跤，骑自行车出去又摔一跤，裤子经常破两个洞……这些都不算什么，最让人心疼的是那些鲜血淋漓的伤口。

有时他怕被大人骂，进屋的时候偷偷摸摸地，飞快溜进房间。不知道什么时候开始，他已经学会默默藏起伤口。想到他像妹妹这么大的时候，两岁左右，去哪都要抱住我的大腿，说着"妈妈抱妈妈抱"。现在，他已经是个像模像样的大哥了。

妹妹小的时候，他没什么感觉。等到妹妹会叫哥哥了，他逐渐有了做兄长的实感，有时带着妹妹玩，有时给妹妹读绘本，有时像大人一样跟妹妹说："你不可以这样。"

在艾文小时候，我经常想，这辈子有一个小孩就足够了。他当了七年独生子，忽然发现他爸妈改了主意。不过现在看起来，他对当大哥这个事情，甘之如饴：终于手下有了个小喽啰，一直跟着他，把他当成偶像一般。

哥哥去哪，妹妹也要去哪。哥哥吃饭，妹妹在旁边盯着；哥哥吃完了，妹妹赶紧冲上去，放着自己的婴儿辅食不吃，美滋滋抢两口剩饭。

更多时候，他越来越沉浸在自己的世界里。跟七岁的时候一样,每次从小区里抓回什么东西,艾文第一反应都是,"我要给它安一个小家"。这段时间,他不断地从外面弄进来跳蛛、甲虫、水蝎子。

有一次半夜,我在客厅里忽然看到地砖上爬过一只寸把长的虫子,吓得跳到椅子上,再一看,原来是儿子养的水蝎子跳出来了。这种惊吓,时不时要来个几次,时至今日,已经习惯了。

当然,艾文毕竟是个小孩。

小孩子很神奇的,我小时候经常在石子堆里挑那些白的、青的石头,觉得那肯定是沧海遗珠、值钱的宝石,值得一辈子珍藏。艾文一模一样,好几次从小区闲逛回来,都说他发现了一种珍稀植物、稀世珍宝,非常罕见。在我看来,全是形状差不多的杂草,但他就是一遍遍相信,一定遇到宝贝了。

六一我们一起去植物园,他在草地上侦察半天后,挥挥手叫我赶紧过去,随后指着一株植物说:"这可是非常珍贵的金毛狗蕨,你看它的根部长着金色的毛,所以叫金毛狗蕨,非常珍贵!绝对不能挖。"

我寻思这么珍贵,怎么可能种在路边呢?但艾文一脸郑重,我只好乖乖闭嘴。后来知道了,这不是金毛狗蕨,而是珠芽狗脊。仔细想想,这是我在植物园里第一次学习植物,以前只是单纯地去看看花、看看草,欣赏下风景。可对艾文来说,

第五回合 一碗水端平？太难了

去植物园完全是一场探险之旅。

他找到了随时随地可以沉迷的兴趣，随之而来的，是经常脏得要命的手指甲，像农民伯伯一样满是泥垢的脚，夏天满是蚊子包的脸，还有闻一闻满是汗臭味的脑袋。

有时我也会小小地期望一下：如果我的儿子很爱干净，那该多好啊。可是艾文就是艾文，他才不会因为爸妈的喜好随便改变他自己。我偶尔想起当妈的责任，在小陈不在的下午，转到艾文面前试图教育教育："好啦，你别玩啦，三十分钟内做一张数学卷子给我。"

他脑袋一歪，语气嚣张地质问我："你凭啥管我？"

我气坏了："好啊，那你以后别叫我妈。"

"好，那我以后叫你鬼。"

两句话后，我慌不择路逃跑了，心想这次我再也不要理他了。过了两小时，儿子兴奋地跑来："妈妈，妈妈，快点过来。"他新买了两盆多肉植物，要给我看看。

从养儿子这件事上，我发现一个放之四海而皆准的真理：假如你对你的孩子抱着无限的期望，他一定会处处让你失望。

你希望他会拉一手完美的小提琴，希望他彬彬有礼，希望他整洁干净。我不知道别人是怎么养出这样的儿子的，我只知道自己就算拿着鞭子都做不到。但如果你对小孩只抱着有限的期望，希望他快乐、健康，那倒是很容易实现。

艾文新写了一篇作文，他从来没听过我关于作文该怎么写的教导，写出来的作文，让我忍不住竖起了一个大拇指。

哇，这个小孩还蛮有意思的。祝艾文一直都是个有意思的小孩，直到变成一个有意思的大人。

> **语文作文纸**
>
> 狮子鱼
>
> 我爸爸经历过各种惊险的事，比如被狮子鱼咬，被打劫的人抢钱，因为没电的平衡车摔了个狗啃泥，在美国西部的雪原我差失踪的我，因为车胎骨折……其中让我最难忘的是被狮子鱼扎。
>
> 那个时候我们在日本旅游，我们去了冲绳附近的一个小岛，那里花香鸟语，还有沙滩。但我们并不知道，这里还有有着剧毒的长身鳞鳍狮子鱼。
>
> 当时是黄昏，也正是狮子鱼出没的时候。我爸爸看到狮子鱼。狮子鱼正在礁石上休息。
>
> 爸爸说看那么漂亮的鱼，为什么不要抓它呢？爸爸伸手就要抓。不要抓它！狮子鱼有毒刺！我告诉爸爸。爸爸没有听，尝试去抓它。沙滩上传来了狮一阵惨叫声。
>
> 就这样，爸爸没有捉到狮子鱼，还被狮子鱼扎了一下。被扎的地方呈紫色，白一看都会吓出一身冷汗。
>
> 从此爸爸再也没去捉过狮子鱼了。

母女双双喜获自由之断奶

太累了。

过去两年时间,疲惫已经成了我的一种常态。喂奶,安抚小孩的哭闹,写公众号,写小说……我常常感到分身乏术,特别是有写稿任务的夜晚,要是碰到妹妹夜醒数次,一晚上就算完蛋了。第二天起床,人不像人,鬼不像鬼。

断奶的决心下了好几次,没一次成功。因为这是我和妹妹相处的公式,像第一个小孩一样,这一个小孩我依然选了亲密育儿,两岁以内无条件满足。又一次咣当,把自己关进了铁牢。什么都不能做,从没有睡过一个整觉。

最近我开始写一本新小说,意识到这是我在哺乳期的第三本小说，这让我非常受不了。妈呀，再这样下去，我就要成圣母了。不，现在就要断奶。

妹妹现在已经二十一个月大了，她会骑滑板车，会利索地吃完一整根鸡腿，会说话会唱歌，可以了吧？我的奶，是时候退出历史舞台了。

前天晚上一个人坐在阳台上，听着妹妹的动静。往常她一到这个点，就会哭着找我吃奶，但只是吃奶，并不睡觉，吃完了，她心满意足后还要爬起来再玩一圈。我躲起来之后，听到她情绪稳定，一个人只顾着玩，跟哥哥看书，找爸爸玩水。

我想，就今天吧，就现在，就此刻。

过程很不容易。一开始她被小陈带上车哄睡着，抱下车就哇哇大哭。如果我此刻现身，一切都要从头开始。我偷偷溜出去，在门口换上鞋，绕着小区走，健步如飞。一会觉得妹妹真可怜，一会劝自己别傻了，多少次被她咬得痛不欲生——多不容易，你可怜可怜自己吧！我失魂落魄，像大观园里的林妹妹，一边走一边噙着眼泪，无意中扯了几片绿篱的叶子，一片片撕着。散一圈步二十分钟，急急走回家，看看她有没有睡了。没有，再出来走一圈。

这天晚上我走的路，跟生她那天晚上一样多，两年前是为了催生，一口气走了一万多步。这回走到两腿酸痛，决定还是

第五回合 一碗水端平?太难了

回家面对现实。妹妹还在抽泣,看到我的第一眼,喜出望外:"咦,妈妈回来了。"我告诉她:"是的,妈妈回来了,但是没有奶奶喝了,奶奶坏了。"她一副恍然大悟的表情:"噢,奶奶坏了。"

回想当年艾文断奶,我没有玩捉迷藏,而是直接把他抱在怀里,告诉他:"你长大了,不吃奶奶了。"他痛哭数声,也就接受了,在我怀里乖乖闭上眼睛。

但妹妹没那么好对付。她一会叫我去买个新的奶奶,一会躺下来念叨着吃奶奶睡觉,反反复复一直折腾到夜里三点多。我惊讶这孩子的精力竟然可以这么充沛,意志又是这么顽强,在床上跑来跑去,时不时一屁股坐在我身上。她还在试探。直到凌晨四点,她终于放弃了,倒头睡着。

自然,我心碎了一地,因为她一整晚只喝了水,泡的奶粉坚决不喝,并且告诉我,这个奶奶不能喝。第二天早上九点,艾文在楼下大喊,说有什么东西坏了。我起床,妹妹也随之惊醒,又念叨上了,吃奶奶睡觉。

坚持坚持再坚持。

后来我妈带她出门,要去玩沙子,坐旋转木马,捞小鱼。她犹豫片刻,还是很想玩,从我手里挣脱,到了我妈手里。是呀,你长大了,是一个可以去探索世界的小朋友啦。

妹妹走后,我给自己做了一杯冰美式,心不在焉地看着书,一口口喝着。往常喝到最后,总是叹息,这么快喝完了,因为哺乳期只能喝一杯的量。今天想起来,嗨,我断奶了,断奶了呀!从此不再是喂奶机器,不再需要各种忌口,完全可以大大方方续上一杯。

但还没到庆祝的时候,最艰难的第一晚过去了,接着是考验更大的第二晚。断奶后的第一天,妹妹失魂落魄,一会跑过来说:"妈妈,奶奶坏掉了。"一会又重新开始哭泣:"吃奶奶睡觉。"我的心像是被放在地上来回摩擦,差点没坚持住。全家人都劝我,要忍住,总有这么一回。

妹妹一直坚持不睡觉,我和小陈逐渐精神涣散。直到傍晚的时候,她答应要出门玩玩。我们在小区碰到一个和妹妹年龄相仿的小孩。两个小女孩,都穿着美丽的裙子,在小区桥上跑来跑去。哭肿眼睛的妹妹,终于再次笑起来。

妹妹之后吃了很多米饭、很多牛肉,尝了几口哥哥的牛奶。意外的是,她好像不过敏了。接着玩耍,看《小猪佩奇》,洗澡……我再次躲开了,直到小陈带她上车。车还没开出小区门口,妹妹睡着了。

我抱着妹妹上楼,心里非常愧疚,到床上的时候,她又大哭起来。本以为这一晚又是一场硬仗,我和小陈没准又要熬

第五回合 一碗水端平？太难了

个通宵。没想到这回哭了几下，她放弃抵抗，睡着了。过半小时，又哭几下，一晚上哭号数次，但只要轻轻拍着安抚安抚，她又重新睡着了。妹妹已经接受了，我却滋味复杂——小孩直面痛苦的能力要比我优秀多了，飞速成长的脚步也快多了。

断奶后的第三十六个小时，妹妹起床后情绪稳定，终于像以前一样，朝我露出天真可爱的笑容。我心中虽然如释重负，却没有想象中快乐。漫长的哺乳期，就这样结束了。

这对我来说，很不容易。两个小孩，第一个喂了二十三个月，第二个喂了二十一个月。加起来接近四年的哺乳期，宛如一场漫长的刑期。

看起来还有点自讨苦吃，干吗非要喂这么久呢？老大喂这么久，因为他是早产儿，出生后太弱小了，奶瓶喂三十分钟都吃不了二十毫升；老二喂这么久，是因为妹妹牛奶蛋白过敏，一岁时想过换水解奶粉，但她不接受，为了保证她每天喝足够的奶，我还是坚持了下来。

关于哺乳，我最想不通的一件事就是，就算你历经了千难万险，永远会有人在旁边用轻飘飘的一句话，试图指点你、教育你。不管你喂还是不喂，都有人随便抛出一句话，让你觉得你当妈当得不够好。

你喂了，会有人说，孩子看起来好像没吃饱，你不忌口小孩才会生病，你的奶不够好所以孩子瘦，六个月后母乳没营养……你没喂，也会有人说，当妈的真狠心，母乳这么好为什么不喂？光想自己快活不管小孩死活，小孩生病都是因为没吃上母乳……

做母亲很难，做哺乳的母亲难上加难。我常常记得四年时间里，每次一开饭，我妈就会说：这个你能吃吗？那个你能吃吗？

哺乳是一条充满艰难险阻的路，本身就不容易走。场外我只想听到赞扬和加油声，而不是那种时不时冒出来的质疑："哎哟，你喂太久了吧？""哎哟，母乳有什么营养？""哎哟，喂奶还不把自己吃胖点？""哎哟，母乳时你还能喝咖啡？"

时不时有新手妈妈问我："生完小孩后，要不要喂母乳？"

我想说，听你自己的声音吧！没有人会比你对你的孩子更好。还有，请及时把那些不礼貌的声音屏蔽掉，一个快乐的母亲，比什么都重要。

第六回合

养育的迷思

_二胎记

原来一个家只能有一个『女明星』

夏天一到,我给妹妹买了十几条小裙子。打扮一个胖乎乎的小女孩,是一件特别有乐趣的事。脂肪在幼儿身上,显得美好又有希望,那可都是满满的能量——饱满的脸颊、藕节一般的手臂、肥嘟嘟的大腿,这是人生中,脂肪唯一像黄金一般尊贵的时刻。

虽然常有人推心置腹地告诉我,小孩衣服不用买太多,他们长起来很快,没必要浪费太多钱。这话是对的,只是我小时候实在穿了太多亲戚家小孩的旧衣服,那些小裙子,或多或少,是买给三十年前那个受委屈的小女孩的吧。

去舟山短途旅行前,小陈给妹妹带了很多条裙子。他特意告诉我,去了舟山,他会二十四小时带着妹妹:"你只要好好

第六回合 养育的迷思

休息就好了,什么都不用操心。"

我给这一趟旅行做了很多美好的规划,在行李箱里放了一本看到一半的小说、一本还没拆封的新书,想象下午太阳最晒的时候,叫一杯冰咖啡,躺在民宿的躺椅上看书。还带了两条裙子,预备海边散步拍照穿;还有两身运动服、一双崭新的运动鞋,打算小陈带着孩子出去玩时,我在房间里努力健身锻炼。

我这个人,真是又单纯又美好。别人说什么,我总是第一时间选择相信。

出发这天手忙脚乱,我甚至顾不上换衣服,穿着家常的黑T恤和短裤上了车,车还没开出上海,内心已经惶恐不安——这跟想象的旅行完全不是一码事。

抵达舟山后,妹妹一直紧紧趴在我身上。她就像海滩上那种寄生在大石头上的藤壶或者海蛎子,不费九牛二虎之力,根本不能把她弄下地。

心情好的时候,妹妹还会到处跑来跑去,心情不好,她的脚立刻缩回来,两只手拼命拉着我的短裤:"妈妈抱,我要妈妈抱,哇哇哇……"从这个时候开始,我成了妹妹的专职女仆、大小姐的左右护驾。

裙子当然不能穿了,分分钟她会把裙子直接用小手卷起来。我需要的是一身能打的衣服，意外惊喜的是，健身服穿着挺方便，当她发脾气，暴力把我的上衣拉开时，运动内衣起了很好的防走光作用。原本我带了一双亮闪闪的人字拖，这双拖鞋在抱着妹妹走海边石子路时，特别不方便，一换上运动鞋，立刻好多了。

小陈有一次带着妹妹出去，说要治治她乱哭的毛病，让她知道哭是没用的。带出去一整个上午，我没忍住打了个电话，电话那头妹妹正断断续续哭着，小陈说："她要我抱，我就是不抱她。"我顿时母性大发，穿上跑鞋，以百米冲刺的速度，迅速冲向沙滩。

阳光直射，明晃晃的海边，小陈正抱着妹妹在看海。看来他还是抱了，但是大中午在太阳下看海，这人是不是有毛病？二话不说，我把妹妹接了过来，她抽泣的样子就像刚从人贩子手里逃出来。她紧紧抱着我，我紧紧抱着她，没走几步，已经汗流浃背。

不管我如何在嘴上说"累死我了，累死你妈妈了"，妹妹都不为所动。大概我没有真正倒地之前，她都打算盘在我身上，榨干我的每一滴剩余价值。

从海边走回民宿的二十分钟，漫长得好像过了整整两小时。也是在这途中，我意识到，对于自己带小孩的家庭来说，

第六回合　养育的迷思

这个家的的确确只能有一个"女明星"。你想做个体面人，你想穿点好衣服，那都是孩子不在身边的时候。一旦把小孩打扮得体面过人，亲妈只能含泪成为老妈子的角色。

我妈帮我带小孩的时候，经常会给妹妹随便搭配。明明穿了一条裙子，她还会给妹妹套一条裤子。这样的话，既能防蚊，又能防摔跤。

我从来不给妹妹套裤子，我要让她像个漂亮的小公主一样。这一切的代价就是，你得牺牲你自己，你得像个贴身仆人一样，随时在她左右，关心着她的每一点需要。

在舟山的四天三夜，我连一页书都没读过，一节健身操都没跳过，惬意的海边漫步，一次都没有，有的只是跟在妹妹身后，像只护着小鸡的老母鸡一样，随时防止她陷入困境。她走累了，我就变成她的座驾，嘴上不由自主哼起《西游记》主题曲改编版：白龙马，蹄朝西，驮着小公主身后跟着两男的……

小陈和艾文倒是帮上了一点忙，一天之中，还是有那么一点时间，妹妹不在我身边。这种时候我也没有像想象的一样，积极健身，努力看书，成为更好的自己。我仿佛刚下班的苦力，在乱成一团的房间里，久久呆坐着，往嘴巴里塞着高热量的曲奇饼，大脑放空，茫然一片。

一个闪耀的女明星背后，工作人员估计会像我这样忙到团团转，累到吐血。

不过累归累，当"女明星"再次来到我面前，不知怎的，我依然会举起手机，给她拍下一张美丽的照片，痴迷地看着她的侧脸，觉得她真的好可爱。

繁殖真是一件残酷且毫无人性的事。小时候，我经常弄不明白，为什么我妈总是看起来那么疲惫且焦虑？她就不能看起来高兴点吗？

现在我明白了，女人只有不带孩子的时候，才会神采飞扬。

第六回合　养育的迷思

断奶后的单身假期

"你到底走不走？你不走，我走。"小陈对我下了最后通牒，他看我没有立刻起身，马上拿起手机开始订酒店。

"好好好，我走，我走行了吧？"我订了一家附近的酒店，心不甘情不愿，草草收拾了两件衣服。

出门纯属无奈，连续几晚，妹妹都会半夜惊醒。她好像还对我抱有幻想，醒来后用两只手抱着我的脖子，身体发狂般晃来晃去。没有母乳，她生气了，发出歇斯底里的哭闹声，让她干吗都不行。看《小猪佩奇》不行，玩水不行，做什么都不行。她一边哭一边喊着"不要不要"……这样闹上一两个小时，快天亮时才会罢工，电量耗完，沉沉睡去。

"你走,走了我帮她好好调整下作息,这样下去不是办法。"小陈提出了这样的建议。出于无奈,我答应了,因为疲惫到极点时,我总是忍不住脱口而出:"你是不是想要你妈累死?这样你就没有妈妈了……"妹妹听到了,又是一阵暴哭。

开车出门的时候,我依依不舍,想到了那些刑满释放的囚犯。据说很多人出去时也是满心忐忑,很想又回监狱。

过去我开车,心情总是很焦急,我急着办事,急着回家,妹妹在家等我呢。这回开在路上,想到我已经不需要管她,这久违的自由,让我即使遇上堵车都心平气和:没事,不急。

到酒店办入住时运气不错,前台说,帮您升级吧。他帮我升级了行政套房,足有一百平方米。我心想,如果妹妹在,那该多好啊。她肯定会在房间里一遍又一遍跑来跑去,酒店儿童乐园的滑滑梯,就像是为她量身定做的。

不不不,我要学会一个人生活。

我一个人去逛了街,在商场里试衣服。不用再像以前一样,随时关注着小孩有没有东奔西跑,有没有躲在什么地方,就跟店里每一个正常顾客一样挑选衣服,走进试衣间,尺码不合适,又出来挑选一遍。不用在中间任何一个环节,因为小孩哭闹忽然放弃说:"不用了不用了,不好意思我要先走。"

原来寻常购物的感觉是这样的。

第六回合　养育的迷思

我一个人又去了超市。以前带着小孩去，第一时间要跑去婴幼儿货架，给她买玩具、买零食、买生活用品。先满足她，再抽点空看看自己要买点什么。母性啊，卑微的母性。

正当我犹豫着要不要买一罐酒精饮料时，身后传来小孩的哭闹声。一瞬间，我感觉妹妹又回到了我身上。这就好像刑满释放后的囚徒看到警车开过，忍不住颤抖——不会是来抓我的吧？

我回头张望了下，看到一个跟妹妹年纪差不多的小女孩，她哭啊哭啊，怎么都止不住，旁边的妈妈没办法，只能把她从童车里抱出来。但是晚了，小女孩委屈了，还是哭个不停。

爱发脾气的小孩，看来都一个样，恃宠而骄，磨得你没办法。

我一个人，又去了书店。以前一天只能安排一件事，去哪都着急忙慌，一个劲想着赶紧回家。离开妹妹的这一天，时间多得像水管爆裂一样，竟然不知道该怎么打发完。书店里逐本书翻来翻去，看到同行们勤奋地出了很多新书，不禁羞愧难当。这几年光围着孩子转了，看看别人！

等妹妹长大，她才不稀罕我曾经一步不离地陪着她，她只会惊讶：妈，你那几年都干吗去了？你干吗不好好做自己？

纪伯伦那首《孩子》怎么说来着："你的儿女，其实不是你的儿女。他们是生命对于自身渴望而诞生的孩子。他们借助你来到这世界,却非因你而来。他们在你身边,却不属于你。"

我走之后,每隔半小时关心一次妹妹在干吗。她很好,她在玩,她吃了很多,她和哥哥在看书。半夜我打开监控,看到她身体小小的,已经睡着了,跟往常一样,仰面睡着,两只手往上举,两条腿半弓着。可爱,真可爱。

没有妈妈在身边,她开始了独立的第一步,她好好的,没哭也没闹。我关掉监控,又忍不住打开,直到强制自己睡着。没事的,他们都很好。

过去两年被碾得细碎的睡眠,并没有一下子拼凑完整。我凌晨两点睡着,六点醒来,八点又醒了一次。习惯了,身体就像远古时候寄居在洞穴里还保护着幼崽的母兽一样,始终充满警惕。

早晨,走路去楼下咖啡店买一杯冰美式。

天气很热,路边餐馆的员工正在打扫店面。我甩开两条腿晃荡着胳膊走在大太阳下,忽然想起来小时候的暑假,也是这样酷暑难耐的天气,口袋里揣着五块钱,下楼去小卖部买一根雪糕。

原来无牵无挂的感觉是这样的,自由又回来了。

好久不见。

第六回合 养育的迷思

酷暑中的养娃家庭

有个脱口秀演员说他们全家去迪拜旅游,每天想要离开酒店出门玩,旋转门转出去,热浪扑面而来,他们总是二话不说又转回来。

这几乎就是这几天我在家的状态。每天尝试要出去,打开大门跨了半个身子,感觉不妙,不是热浪袭来,而是人好像进了太上老君的炼丹炉,热气蒸腾,闷热无比。相比之下,家就像森林中一处静谧的栖息地,心灵迅速得到宁静。

不过在最热的时候,我还是怀疑,家里空调是不是有点坏了?它怎么不像以前吹起来那么凉快了?

江浙沪的暑热,跟它的寒冷一样,对于没有经历过的人来说,很难想象到底是什么情形。

上海能有多热?告诉你吧,昨天在好奇心驱使下,我查了查迪拜的气温,发现和上海几乎一样,都是将近四十度的高温,即便到了晚上,气温回落到三十三度左右,但体感温度仍然在四十二度。白天的时候,体感温度会达到五十度。

几年前我去过一次迪拜,当时以为沙漠地区会很热,去了发现,当你真的置身沙漠,呼呼的大风吹过来,其实还挺凉快的。

上海的热,是无处纾解的闷热。前几天晚上,我跟朋友一起在苏州河边散步,刚走几步路,朋友就说:"要不要坐一坐?"这种热不是那种你可以肆意挥洒汗水的热,而是身体变成了一种拖累,时时在提醒你,这具肉体有点吃不消了。

大人还好,热,那就不出门呗。

小孩怎么办?众所周知,大部分幼儿在度过不会走路的婴儿期后,白天最重要的程序是"放电"。你必须让小孩到处探索、到处乱跑,满足他对世界的好奇心,消耗完他所有的精力后,他才能安然躺下。不然他就像景阳冈上的老虎,时时刻刻等着要跟你搏斗一场。

这事很简单,你不放他出去,你就得拿出武松的功力。几个回合下来,你求饶了,还是得把孩子放出去。然后你走到了门口,打开门,探出半个身子,你又回来了,太热了,放不了。

有几次心想,算了,强行带出去试试吧,反正出去就上车,结果一上车,孩子首先求饶。快两岁的女儿已经可以很清

第六回合 养育的迷思

楚地发声:"回去,回去呀!要回家!"她也知道热,她也觉得家里好。家里唯一不好的地方,是无法完全消耗她的精力。

乡下房子虽然大,但在不熟悉的环境里,她就是无论如何不肯睡觉。我女儿最爱睡觉的地方是车上,每次一出门,开车晃两圈,她的眼皮就合上了,有时甚至都不用出小区。

可是暑热让开车遛娃也成了一项艰难的工作,明明睡了,从车上抱着下来后好比忽然置身危险环境,小孩一下又热醒了,哇哇大哭。

我发了两三条微博,阐述大热天养娃的无奈。

有人回复我,大概意思是说,我们国内养孩子还是太娇气了,孩子嘛,就应该让她得到充分的锻炼。这人举了个例子,说暑假的时候,他家小孩会在洛杉矶每天打两小时网球,再游泳一小时,都在户外,小孩身体挺棒的。"你就把孩子放出去,能怎么样?"

我随手查了查洛杉矶的天气,十七度到二十七度,下午三点,气温二十三度,体感温度二十三度:噢,怪不得能在户外打两小时网球。

有人说:"你把孩子放大商场去呗,那里多好啊,地方又大又有冷气。"

嗯,前几天我的确萌生了这样的想法,家附近也的确有一家新开的商场。但考虑到当下的新冠疫情,最终作罢。妹妹出生于疫情第一年,我们极少带她去人多拥挤的商场,活动场所要么家里,要么户外。

当年艾文几个月大时,我已经开始带他出国旅行。妹妹两岁了,连上海市区都不怎么出。但艾文小时候,我和小陈经常出差,妹妹如今却享受着所有大人每时每刻的爱。毕竟疫情中,大人小孩都出不了门。

于是,现在就是这样,妹妹在家,每天到了她睡觉的时候,犯困和不甘心的情绪相互交织,让她变成了一头发狂的猛兽,一会叫"妈妈抱妈妈抱",一会叫"出去玩出去玩"。我心力交瘁,但不得不每天武松打虎,技术性周旋一番,再硬碰硬撂倒。妹妹最后猛虎闭眼,沉沉睡去,这一天总算结束。

育儿本来是件很简单的事,但各方面原因一结合,总有办法变成一件难到彻底的事。

今天温度略有下降,从四十度降到了三十六度,神奇不神奇,我竟然能在门口站一会儿了?还可以,不是很热。

一个海口的朋友说:"天啊,上海这么热,海口只有二十多度,晚上睡觉还盖毯子呢。"

我和我家的"大老虎"继续在家里面面相觑,看谁能耗过谁。目前看来,她稳赢。

第六回合　养育的迷思

> 在教育孩子这件事上，我可真是个窝囊废

前两天艾文出发去了云南。他去了两天，每天都要干一件让我觉得惊心动魄的小事。

第一件，他在捞渔河湿地公园捡了一条很长、很完整的蛇蜕，白白的，抓在手里。小陈发照片过来给我看，我面目扭曲了两秒钟，庆幸自己在上海，不在云南。

小时候，我有一个远房亲戚曾经捡了一条蛇蜕，忽然甩在我身上。过去三十年了，我每次见到这个亲戚，都会想起那一幕，不敢靠近他，只想远远绕着走。

艾文如获至宝，不但带着蛇蜕走出公园，还带着回了酒店房间。据小陈说，他整个晚上都在房间里查询有关蛇蜕的资料。

还好，我没一起去。不然要跟这玩意共处一室，每次看到都要捂着胸口，而且拿起手机，上面还会有密密麻麻的查询信息。老天爷啊，我可不想受那种罪。

第二件，艾文去昆明菜市场，看到卖蜂蛹的，直接走不动路。在摊位前研究了半天，小陈无奈，只好买了一小块。艾文为了表示喜爱之情，生吃了一条白白的蜂蛹，让当地人都竖起了大拇指："小朋友，好棒！"

幸亏我没有去，去了只会没出息地啊啊乱叫。这天晚上，他又在酒店里，研究了一晚上的蜂蛹信息。我有点佩服小陈，酒店房间里不仅有一条长长的蛇皮，还有那么多白白的蜂蛹。

经常有人问我："你家孩子挺热爱自然的，怎么培养的？我家小孩怎么都不肯出门。"每次听到这个问题，我内心都是一阵苦笑。我培养他？他培养我还差不多。

艾文小时候，我经常带他旅行。两岁以前，婴儿买飞机票是一折，这个便宜我必须要占。去多了，我发现带他到大城市，对我来说是种酷刑。去首尔，他一步不肯自己走；去大阪，我和小陈累得到达的第二天就去买了辆婴儿推车。他不愿意在城里玩，反而每次去乡下、公园，他愿意放过我，主动把脚伸出来，下地走走。

出于我还想多活几年的考虑，只能把旅行目的地定为大自然。我至今记得一个朋友说:"你真了不起,全世界的乡下你都爱去。"

不,我不爱!

没有孩子的人,很难想象孩子能制造出多少麻烦。只要他不乐意,你一天都别想好过。为了少点麻烦,你很容易权衡自己该去哪:找个他不会烦你、大人小孩都轻松自在的地方呗。

艾文在日本乡下,见到过一棵树,树上密密麻麻全是蠕动的毛毛虫。他大为惊奇,围着看了好久。我看了一眼,吓到头皮发麻,赶紧溜达到远处,假装看风景。

说起来,他想吃虫子很久了。今年春天的时候,他在小区里挖到几只肥大的天牛幼虫,曾经在我面前跃跃欲试询问:"我吃一条虫子怎么样?"

我晓之以理,动之以情,劝了又劝,"最好是不要吃"。他想了一会说:"那好吧。"那时我就知道,他肯定拦不住这份好奇心,只要有机会,他绝对要尝尝虫子的味道。

在网上,我经常看到一些育儿文章,什么要教男孩有好奇心,要教女孩独立、强大,不要教她们顺从。要是没小孩,听着挺有道理;有了孩子,会发现这些全都是正确的废话。

有俩小孩的我,泣血告诉大家,不用教小孩有好奇心,大人不要扼杀他们的好奇心,已经算是功德一件。也不用想着教女孩别听话、别顺从,不管男孩女孩,他们都有自己的思想,并且能让爸妈意识到这一点后跪地求饶。

我女儿从小入睡困难,以前用奶睡的方法,马马虎虎还能凑合着过。自从上个月断奶之后,每当夜晚来临,我的心都跟远古时代的元谋人似的,带着一种对黑暗的恐惧。

妹妹闹觉,明明困得不行了,哈欠连连,就是闭不上眼睛。她爬到我身上,指挥我:"要出去!"小陈告诉我这样不行,我爸妈也说这样不行。小孩困了必须睡觉,必须要做规矩:"你就把她放在床上,关掉全部的灯,一点声音没有,她肯定能睡着。"

就这样,我每天跟她大战五百回合,中间免不了妹妹爆哭一场或两场,我自暴自弃忍不住哭诉:"你到底为什么要这么折磨我?"妹妹听了又是一场爆哭。

昨天晚上,小陈不在家,我爸妈早睡了。我心想,不如调整一下策略。当妹妹再次说要出去时,我抱着她直接走出家门。没想到在小区里逛了不到一百米,她趴在我肩上睡着了。

如此简单,如此神奇,只要我听她的话,一切困难迎刃而解。

回来把她放在床上,我感慨万千,在我还没开始教她怎么做人前,她已经教会了我该怎么好好做人——不要尝试无意义的对抗,做父母,要有做父母的本分。小孩是你指手画脚就能改变的吗?同时我又想到,是不是因为我在育儿上特别窝囊,所以才会变成现在这样?

一定有人说:"你这样不对,你要好好引导,要给小孩做规矩,不然以后还了得?"每次看到这么说话的人,我就会想:这个人真是有洪荒之力,竟然能够把孩子当橡皮泥一样搓圆捏扁。

我没力气了,我只想好好活着。艾文要吃虫子就吃虫子吧,只要他愿意,再说他也没危害环境;妹妹睡觉前要出门一趟就出门吧,她又不是去法国、去月球,只要出门她就达成心愿了。

别问我怎么培养孩子,我培养不了。孩子已经成功培养了我,他俩都用行动在说:妈,小孩是不能改变的,小孩有自己的逻辑,有自己想过的生活。

是,都听你们的!

没资格摆烂的二胎父母们

最近出了新书，约朋友吃饭，我都会从袋子里掏出一本，诚惶诚恐送出去。朋友通常都诧异，诧异的点是我出了一本新书，虽然距离上一本已经三年了。但这几年，大家都没有过去那么勤奋。网上的人喜欢讲："摆烂咯，摆烂好了。"

摆烂，是比躺平更深一个层次的无作为。躺平不过是不再参与内卷，摆烂则有一种油瓶倒了都不扶的气质，充满萎靡不振的无所谓。

一个朋友说："你倒是蛮勤奋，我啊，自从疫情之后，简直什么都不想做。"朋友跟我一样，是个自由职业者，她会的比我还多些，翻译过英文原版小说，组织过读书会。但疫情之后，她迅速进入一种万事休矣的状态："这么跟你说吧，不想

第六回合 养育的迷思

再做任何努力了。"

她一个人住在老小区的一室一厅,约我在家里见面。我吭哧吭哧爬上老公房六楼,看着她从冰箱里拿出一盒蛋挞、一盒费南雪。她告诉我,这两种甜品,一种只用蛋黄,一种只用蛋白,所以干脆一起做出来了。

客厅只有两把椅子,一把摆满各种杂物。她端着那盒费南雪,示意我可以在卧室地板上躺下来。我们各拿了一本书,小口咀嚼着手中的法式甜品,有一搭没一搭聊着天。

这摆烂的滋味,让我迅速回到了没结婚时的文艺女青年时光。可以说,摆烂是文艺青年的一种特质,不想上班,不想被规训,宁愿每天发呆。

摆烂是什么?摆烂是——"春夜的幻想。——什么时候,咖啡馆的窗户开向广阔的牧场。这片牧场的正中央有一只烧鸡,垂首思考着什么。……"

这是我随手摘的一段芥川龙之介语录。

日本文学有个重要的派别——无赖派。无赖派对人生毫无欢欣,下笔写的都是,"为了活着,堕落吧"。无赖派巨头太宰治,我看来看去,总对这个人是如此彻底地摆烂,而感到震惊不已。

他一边写着"小说家都是人渣呀,不,是魔鬼",一边在短短三十九年的人生里,自杀五次。最后一次,终于成功。

我经常反复翻看太宰治的书,喜欢得不得了。搞文艺,是不能太勤奋的。一勤奋,就有点变质,有点铜臭味。

然而那些闲暇时光早已一去不复返,如今每次朋友问我,怎么回事?这么勤奋。我都会说一句掏心掏肺的话:"没办法,要养家糊口。"

一个孩子,或许还可以躺一躺,两个孩子,我一虚度时光就觉得心灵受到极大的谴责。

艾文两岁多要上幼儿园的时候,我第一次意识到挣钱的迫切性。之前没觉得孩子要花什么钱,之后送他进了一家民办幼儿园,第一次去开家长会,看到路两边停满的豪车,再看看家长们拎的包,我如梦初醒,哇,好现实。

我必须要挣钱了。说起来,这也算是写《我在三十岁的第一年》的契机,动机太简单了,我要挣钱。

一定有人说:你为什么不送他进一个月五百块的公立幼儿园?你为什么要选择攀比这条路?没法解释,有时开车选了一条路,已经没有回头路了。

到老二的时候,不用说,我更加想赚钱了。怀孕的时候就想得不行,但是吐得太厉害,实在无心写作。妹妹出了月子,我开始写起来。我很迫切地想赚钱,这回不是为了小孩要上民办幼儿园或者双语学校。经历过这些之后,我早就已经看透了。

随着艾文日渐长大,从他沉迷动植物的样子,我已经预测到他将来会如何窘迫生活。不管是研究昆虫还是研究兰花,还真是一条不赚钱的路,不仅不发财,还隐隐散发出一种要啃老的信号。

一个朋友的老公,职业是研究长江以南流域的长臂猿猴,这朋友结完婚,迅速切换职业道路,从公司职员变成保险中介,担负起一家开销。另一个朋友的小孩挚爱饲养蜘蛛、蜥蜴,大学毕业后一直在家,养了一屋宠物,拒绝出门工作。

每当我稍微有点摆烂的念头,脑海中都会浮现艾文和妹妹长大后流离失所、正在马路上捡垃圾的场面。

朋友劝我,没准艾文将来很有出息、很努力呢?

算了,电影里一个老者讲,低期望值是幸福的关键所在。与其期待孩子发财,不如期待自己发财。后者至少是一件我知道该如何去做的事。

朋友听我说着这些,完全不能理解。这对于很多单身人士来说,确实很难解释。她眼里的疑问好像在说:你是一〇后、二〇后的妈妈,怎么能跟六〇后的妈妈一样保守、一样想着要给小孩准备好一切?不是应该更加新潮一点、现代化一点,让他们自己面对生活吗?

答案是,我不知道,这就好像是血液里涌出的冲动,在督促我尽己所能,照顾他们。我可以不给,但我不能没有。

朋友躺在地板上,总结陈词:"所以我不要小孩。"

我又想起来日剧里一句特别义正词严的话:"现在的我,必须要考虑有小孩的人生了。"

之后经常想起那个下午,无所事事躺在地板上的两个女人,费南雪,好喝的三炮台茶,一本轻快翻过的小书。跟朋友说,下回还要来。但是一直没去过,因为忙着汲汲营营的人生,哪有摆烂的资格?

不,即便被生活打倒,也要一次又一次站起来。两个小孩眼巴巴地看着呢。

第六回合　养育的迷思

杜拉斯也逃脱不了读绘本的命运

上周六,我参加了一个和杜拉斯有关的活动,聊聊《情人》这本书。

在闷热的夏日傍晚,跟编辑一起读着——"与你那时的面貌相比,我更爱你现在备受摧残的面容","他喜爱这种痛苦就像过去爱我一样,十分强烈,甚至爱到宁可为之死去也说不定","我以为在爱,但我从来不曾爱过"……

活动结束后,内心依然震撼不已。初读杜拉斯的作品时,我还是少女,那时毫不犹豫觉得女人必定要爱到七十岁,要用一生来体验绵延壮阔且跌宕起伏的爱情。

还没来得及展开想象,我女儿拿着好几本小熊绘本把我按在了床上。她要睡觉了,睡前读绘本时间到。

_二胎记

最近她非常喜欢小熊绘本,特别喜欢里面的一本《谁哭了》,我基本已经可以全文背诵:

呜呜——哇哇——小老鼠哭了。
小老鼠,你怎么了?
我摔倒了。不过,我不再哭了,我不是小宝宝了。
小老鼠,真棒!
哇——哇——谁哭了?
哇——哇——小兔子哭了。
小兔子,你怎么了?
冰激凌掉地上了。不过,我不再哭了,我不是小宝宝了。
小兔子,真棒!
……

除了《谁哭了》,妹妹还特别喜欢《大声回答"哎"》:

小老鼠——
哎!
真棒!小老鼠回答得好神气!
……

第六回合　养育的迷思

每天晚上，我都要重复讲上十来部绘本，妹妹永远都不厌倦。其实也不单单是晚上，白天任何时候，她都有可能跳到我身上："妈妈，讲呀。"有一次我实在有点厌倦，草草讲完一本《拉粑粑》后，拿着书扇了几下风，被妹妹一巴掌打过来，她说："这是看的。"

这天晚上，我忍不住思索起了一个问题：杜拉斯在三十三岁的时候生了一个孩子，她到底是怎么熬过这一切的？她给她的小孩读绘本吗？

我把这个问题发在微博上，博闻强识的网友告诉我，杜拉斯不仅会读绘本，还专门写了一部绘本叫《小托不想去上学》，虽然评论都说，这书不像给小孩看的绘本，更像给大人看的绘本。

我惊讶万分，顺着又查询了一会儿资料，发现杜拉斯跟绘本的缘分还远远不止于此。写完《小托不想去上学》，后来她根据这个绘本自编自导了电影《孩子们》，之后又把这部电影写成了小说《夏雨之后》。

震惊之余，我赶紧在网上下单了这部女作家亲自创作的绘本，并且在脑袋里思忖着：或许应该复制下名作家的脚步，读了这么多绘本，我也出一本？

我要跟杜拉斯学习：不要浪费，把生活中的一切都写下来。我也是再次读了《情人》才知道，这样一个情节并不复杂的故事，杜拉斯用相同的素材，一共写了三本书，分别是《抵挡太平洋的堤坝》《中国北方的情人》《情人》。

这说明什么？说明情人可以反复利用，直到榨干最后一点文学价值。

在杜拉斯身上，我常常忍不住感慨一个女人的能量之大：不要抱怨，不要唠叨，要把一切都变成爱与恨炽热燃烧的情感。

杜拉斯很爱她的儿子，在儿子刚开始说话的时候，她写信给孩子的爸爸、她的情人："他叫我妈妈，他灿烂极了。这个小家伙绝对讨我的喜欢。今天早上，一辆灵车经过，神父开始唱诗，小家伙竟然跳起舞来，不肯停下，跳得好极了。我们花了好大的功夫才让他安静下来，你不为你的小男孩感到骄傲吗？"

几年后，玛格丽特爱上别人。后来她在一本书里追述道："我问自己，怎么能够承受如此的温存，如此的关怀，如此的深爱和保护，如此的同情，如此的哄骗，如此如此的建议，我真不知道自己怎么会一直待在那里没有逃走，怎么会没有死去。"

因为她一生都在恋爱。

第六回合 养育的迷思

不过在另一本谈写作的书里,我很高兴看到了杜拉斯为人母的一面。写完《抵挡太平洋的堤坝》,她卖出了电影版权,拿着这笔钱,买下了巴黎郊外一所古旧的大宅,足有四百平方米,"此外还有花园。那里有千年古树和仍然幼小的树,有一些落叶松、苹果树……"。

她把这套房子给了她的儿子,"他在屋里保留了我所有的东西。我还可以独自在那里住。我有我的桌子,我的床,我的电话,我的画和我的书。还有我的电影脚本。当我去那里时,儿子很高兴。儿子的这种快乐现在是我生活中的快乐"。

所以啊,尽管是一生都在谈恋爱的杜拉斯,还是得给小孩读绘本,甚至要亲自画绘本;还得想办法买房子,她给儿子留下一栋房子。

我看了看女儿,不禁想到,或许她是在鞭策我:妈妈,不要输啊,我和哥哥的房子,就拜托你了!

不过说句实话,杜拉斯的绘本的确不适合小孩看,文字实在太长了。我依然喜欢手里这套小熊绘本,每页只有一句话,却能让小孩哈哈大笑,同时又不无悲哀地想到,读绘本的漫漫长路,才刚刚开始……

为了对付两岁女儿的叛逆，我又回炉学习了

前几天出门碰到我一个亲戚，她孙女正好比我女儿大两个月。于是我饶有兴致地问她："你家小妹妹是不是也经常说'不要不要'？问她什么都是'不要'？"

亲戚疑惑地看着我说："没有啊，挺正常的嘛。"

当时我心情异常失落，回家后看着差一个月就满两岁的妹妹，她小小的眼睛里蕴藏着满满的叛逆。从一岁半她逐渐学说话开始，"不要"就已经变成了她的口头禅。

最近更进化了一些。以前她不过是不懂事的小孩，机械性地为了反对而反对；现在她开始像个大人一样，煞有其事地反对。她的"不要"已经不是单纯的叛逆，而好像是经过思考后

第六回合 养育的迷思

的答案,一种加强版叛逆。

晚上要睡觉了,我说:"讲完这本书就睡,好吗?"妹妹说:"好的。"等讲完了,关了灯,我说:"睡吧。"她倔强地站起来,斩钉截铁地回答:"我不想睡觉。"

白天她坐着吃面,吃到一半站起来,以极长的距离把面运送到嘴里,衣服上挂满了面条。我说:"坐下来吃吧,妹妹。"她回答:"不要,就站着吃。"

在反对我这件事上,她的表述进步飞快、日行千里,不知不觉,连"就"这个表示加强肯定的副词都学会了。我常常不敢相信她才两岁不到,不是赞叹她的聪明,是可怜我自己——漫漫长征路,这么早就开始了。

肯定有人说:你都二胎了,对这种情况应该很了解吧?

遥想当年,艾文也是满口"不要不要"的小孩。我从育儿书上得知,孩子的每一个叛逆期,都是他正在飞速成长的证明。两岁,是他第一次意识到,噢,原来我不是爸妈的附属,我就是我。所以凡是爸妈说的话,他都要满口反对。

当时我还掌握了一点,如果想要度过叛逆期,最重要的是不要帮孩子做决定,是要给他选择。举个例子,你不能说"坐着吃",这是命令,人家反抗是有道理的。你要说:宝宝,你想坐下来自己吃还是妈妈喂你?

我拿着当年的经验来对付妹妹,耐心温柔地问她:"妹妹,你想吃面还是吃饭哪?"她回答我的是两个"不要"。有时她还别出心裁地答道:"都不要。"

这小孩在叛逆上显然有点天赋。从此,母女间展开了漫长的拉锯战。我不明白她为什么哭,也不明白她为什么忽然大声叫起来。

照顾她的时候,特别是半夜抱着她哄睡,一抱半小时的时候,我常常不由自主地后悔,就像那些身陷囹圄的囚犯一般悔恨莫及,想不明白怎么就到了这一步呢?以前的日子,多好啊。

当然,她带给我的快乐很多,但这不代表我不痛苦呀。我琢磨应该是哪里出了点问题。

我又开始看育儿书了。

昨天在商场里,偶然看到一本《我什么办法都试过了》。一开始打开,看到作者写:规律性说"不"的阶段一般只维持一个礼拜。我不禁一个苦笑,为什么有的孩子只叛逆一星期,有的孩子叛逆半年了完全没有停的意思。

她到底为什么那么喜欢说"不"?有个很有意思的现象,小孩说"不"的时候,其实有百分之五十的可能性她只是口头反对,身体仍会诚实地去做我说的事。

书里说，孩子服从指令时，他的前额叶是没有被激活的。

我的天呐，原来她频繁地说"不要"，是在开发她的大脑！她小小的脑袋正在飞速发展。一想到这点，我开始对她的每一个"不""不要"，有了一点敬意。了不起，小脑袋有在努力思考噢。

翻了小半本书后，我发现这本书的核心思想就是：孩子并没有错，大人大吼大叫、烦心不已，只是因为不知道孩子的发展规律。

小孩把书扔得到处都是，是因为他在锻炼自己的运动协调能力，他喜欢各种各样的运动。他分不清对错，也没办法抑制冲动，并且总是完全沉浸在眼前的活动中。

一个一岁多的小孩，能有什么错呢？他周围的一切都是他认识世界的学习工具，他只是无法控制自己飞速发展的身体罢了。

都是大人的错，是你没有看紧。他爬到高处去拿糖罐，是因为大人把这么明显的诱惑放在他想办法能够到的地方；他打人咬人，是因为没办法用语言来表示愤怒；他反复问问题，是因为没办法把语言和现实联系起来。

这书与其说是育儿手册，不如说是家长心理疏导手册。看完后，我仿佛做了一场心理治疗，想通了，参悟了，大概知道要怎么做了。

最近妹妹很爱咬我,她的牙齿差不多已经长齐了,咬起来奇痛无比。我一直不明白,妹妹,我跟你无冤无仇,对你这么好,你怎么能这么对我呢?还下手这么狠……这是明显的大人思维。站在妹妹的思维上,她咬我,是因为每次我都痛得忍不住大叫,她觉得很好玩:天呐,我的牙齿竟然可以让妈妈哇哇大叫,太厉害了。

于是她再咬我的时候,我夸奖她说:"妹妹好厉害啊,妹妹的牙齿好有力,不过我们不可以咬人噢。"妹妹笑眯眯地放开了牙齿。

她最近还喜欢大叫,很兴奋地大吼大叫,典型的熊孩子行为。我也夸:"妹妹好厉害啊,可以发出这么大的声音。"夸完,她不叫了。她好像很满足于得到我的承认,对咬人和大叫这些事,不需要再反复确认影响力了。

我再次意识到,带小孩的时候,总会不由自主掉进那个自我怜悯的怪圈。妈妈变得像个怨妇,满心想着:我对你这么好,把所有一切都给了你,你为什么不懂回报、不体贴?为什么不听话?为什么不享受我为你准备好的一切?

不不,小孩不是这样成长的。

尽管我是第二次当妈,我还是得重新复习一遍育儿心得。

_第六回合 养育的迷思

重新审视女儿的叛逆,她不是为了跟你对着干,也不是前世孽缘,这辈子专门投胎来折磨你,更不是看你岁月静好、闲来无事,想给你点事做。

不是的,她只是在飞快又努力地,学习成为一名站立行走并且狡猾的人类。她在用每一次叛逆,来寻找自己新的边界,学习新的本领。在一次次"不要"中,获得宝贵的独立能力。

我儿子三四岁的时候,我被他的秩序期折磨得不轻。甚至现在,他还能清晰回忆起小时候的固执。他告诉我,有一次自己不小心摔了一跤,膝盖破了,掉一块皮。他很着急,问外婆:"外婆外婆,我的皮呢?我的皮呢?"我妈告诉他,皮掉了。他开始大哭,无论如何要把皮装回去。可以想象,当时我妈如何一脸无奈。

长大了的艾文,回忆起小时候的事,笑得很开心。还好,当时经过我的严格培训,家里从没有人说他无理取闹,他的秩序感没有被粗暴破坏。

我有一个朋友说,看了我写的文章,想起来女儿三四岁的时候,经常无理取闹,那时以为她只是不乖,教训了好几次,现在想起来,真是后悔。

带小孩这条路,其实也有点像学习之路。有时候一道题怎么解都解不出来,想放弃的时候多看看书,一下茅塞顿开:

噢，原来是这样啊！太好了，这只是成长过程中最常见不过的现象。即便育儿书上提供的方法都不对，至少提供了一个思路：请理解小孩，不要质疑小孩。

从此我跟个渣男一样，想方设法夸着我的两个孩子：你们很棒，你们很好，毫无疑问，你们是最棒的！

后记

生下二胎三年后,某次跟我妈两个人外出散步。走到一个红绿灯前,她忽然开口问我:"你后悔吗?"

"什么?"

"我说,你后悔吗?生二胎这个事。"她又重复了一遍,让我惊诧万分。惊讶之处在于,我的天呐,亲妈竟然会问我后不后悔生二胎。

中国的长辈,总是希望多子多福的。生完二胎后,我们家所有的家庭聚会上总有不熟的亲戚问:"还要再来一个吗?"这时我妈要是在场,会当机立断帮我挡开话题,快言快语说:"两个够了,肯定不要了。"同时不忘暗暗叮嘱我,千万别犯傻。

究其原因,大概是不管一胎还是二胎,她都目睹了自己女儿如何操劳，走了很多弯路，吃了很多苦——这还没个完。三岁之后，养育从"身累模式"变成"心累模式"。如果只有一个小孩，快四十岁的我，本来可以轻松从育儿之苦中解脱出来，如同金蝉脱壳一般，过潇洒人生。所以她问我："后悔吗？"

没有任何犹豫，我立刻回答："当然不。"

说来也是神奇，我儿子五岁时，我还觉得再要一个小孩是无稽之谈。人为什么非要给自己弄点苦头吃？轻轻松松过日子不好吗？当时我犹如刚刚跑完一场超级马拉松，整个人稍微倦怠下来那么一些，满脑子都是下次再也不干了。

不生的理由多到两只手列不完。过了一两年，生的理由又从体内开始萌芽，仿佛雨后春笋一般，今天冒出来一株，明天又冒出来一株。有些理由是生理层面的，我已经三十五岁，不出意外，卵巢功能将从顶峰逐步开始衰退之路；有些是技术层面的，养育第一胎走过那么多坑，积攒下那么多育儿经验，却没有用武之地，真是浪费；还有一些是感性层面的，路上看到小婴儿，总觉得太可爱了，那胖嘟嘟的腮帮子，跟可爱的花栗鼠的一样。

还有一个或许只有我家才有的理由。儿子五岁那年，我让小陈回来做全职爸爸，渡过了幼升小难关。后来我想，应

后记

该让他感受感受带小婴儿的辛苦和劳累,不然工作量也太不饱和了。

事实证明,二胎的确带来了与众不同的感受。

第一个小孩,给我推开了与众不同新世界的大门。当时作为新手妈妈,总觉得头顶阴云密布,周遭愁云惨雾。有句话叫,读过很多道理,还是过不好这一生;我是看了很多育儿书,还是带不好小孩。直到今天,我还能记得儿子小时候坐在出租车上,连问了我几十个为什么。出租车司机回过头来,颇为同情地说了一句:"你家小孩话还挺多的哟。"还有那段堪称地狱折磨的哄睡时光。美剧里那种妈妈亲完小孩七点多安然从卧室走出来的场景,在我看来不亚于仙境。有一阵我觉得哄睡就是我的梦魇。

等到第二个小孩,我完美地避开了一些上次路过的坑。但不可避免地,二胎之路会猝不及防地给你安排全新的挫折。两个小孩在个性上可以说完全不一样,有时候我甚至觉得,在某些方面,哥哥其实还算是个天使。举个简单的例子,哥哥从出生开始,对安全摇篮、安全座椅没有丝毫抗拒。同样的事情,妹妹却哭得呼天抢地;甚至有次我开车到一半,她哭得几乎要晕过去,我只好临时找了个代驾。

一个小孩有一个小孩的磨人之处,但养育两个小孩的辛苦却不是叠加的。在第二次养育过程中,我好像有了一种游刃有余的感觉,一种信手拈来的自信。

养第一个小孩像养某种名贵的稀世珍宝,始终小心翼翼、屏气凝神。养到第二个,才算有了享受的感觉。有时两个孩子手牵手在我前面走,我会从内心油然升起一股幸福感;有时他们吵架,一个哇啦哇啦喊,一个哇啦哇啦哭,我在旁边围观,会觉得这种体验很神奇。

作为一名独生子女,忽然在自己小孩身上,观赏到那种兄弟姐妹之间的亲情模式,很有意思。这是一种不一样的人生,让我发现原来还有这种感情模式。他俩的吵闹、关爱,互相斗嘴、互相依存,每个瞬间,都让我恍然大悟:噢,有个同胞是这样的感觉啊。

我觉得二胎很有意思。是,确实不容易,但你只要多一个观察的样本,就能打消原来心中的很多执念。一个小孩天生喜欢动植物,喜欢观察,喜欢画画;另一个小孩一岁多时,就很喜欢给玩具排队,按照不同颜色摆放,倒了的水壶必须摆正。

这不是训练出来的,这是他们与生俱来的一部分。

生完妹妹后,作为二胎妈妈,我经常被问一个问题。这个问题通常来自已经有一个小孩的妈妈,她们常常在要不要二胎这个问题上反复徘徊,一会想要,一会不想要。她们经常问

后记

我：嗨,你是怎么下定决心要二胎的?到底该不该要二胎?

这就是我写本书的初衷。我发现市面上有很多育儿书教大家怎么养出健康聪明的小孩,怎么教宝宝开发大脑,怎么理解婴儿在表达什么。但从来没有人问这个母亲:喂,你在想什么?

怀孕,哺乳,小孩生病……当这些艰难的环节再来一遍,还有那些常见的二胎疑问像雪球一样滚向我时,我在想什么呢?

我写了一篇又一篇,经常收到这样的留言:毛老师,看着你的文字,觉得喂奶的夜晚并不孤独。

希望这本书能给你一些小小的参考、帮助。在那些回荡着婴儿哭声的夜晚,我希望你能打开书,然后哈哈一笑,心想,原来这个问题并不算什么,原来不是我一个人在经历这些。

这就足够了。